죽음에서 생명으로

죽음에서 생명으로

사순 · 부활 시기의 전례와 영성

2025년 9월 25일 교회인가
2026년 1월 6일 1판 1쇄 발행
2026년 1월 20일 1판 2쇄 발행

지은이 | 쿠르트 코흐
옮긴이 | 황미하
펴낸이 | 이은아
펴낸곳 | 바오로딸

01166 서울 강북구 오현로7길 34
등록 | 제7-5호 1964년 10월 15일
전화 | 02) 944-0800 팩스 | 987-5275

취급처 | 중앙보급소
전화 | 02) 984-3611 팩스 | 984-3612

값 12,000원

이메일 | edit@pauline.or.kr
인터넷 서점 | www.pauline.or.kr 02) 944-0944
ISBN 978-89-331-1594-7 03230

Cardinal Kurt Koch,
Vom Tod zum Leben. Ein Wegbegleiter durch die Fasten- und Osterzeit

사순·부활 시기의 전례와 영성

죽음에서 생명으로

쿠르트 코흐 지음 | 황미하 옮김

바오로딸

차례

여는 글

"우리는 삶 한가운데서 죽음에 둘러싸여 있네."

옛 독일어 성가의 한 구절이다. 간결하지만 무거운 느낌의 이 가사는 반박할 여지가 없는 우리의 인생 경험을 묘사한다. 또한 인간 삶의 참혹한 실상과 암울한 면을 표현하고 있다. 그러나 우리는 바쁜 일상에 치여서 그것을 잊고 가볍게 몰아낸다. 17세기의 프랑스 사상가 블레즈 파스칼Blaise Pascal은 이미 당대에 이를 예리하게 관찰했다. 사람들은 죽음을 몰아낼 약을 찾아낼 수는 없지만 행복하기를 바라기 때문에 더 이상 죽음을 생각하지 않는다는 것이다. 그는 다음과 같은 통찰로 이를 설명한다. "극한 상황에 처하지 않았을 때 죽음을 생각하는 것보다는, 죽음을 생각하고 있지 않을 때 맞는 죽음이 더 견디기 수월하다."[1]

삶 한가운데서 죽음에 둘러싸여 있다는 것은 인간 삶의

참혹한 실상이다. 그러나 우리 삶이 이렇게 위로가 없는 실상으로 끝나서는 안 된다는 것이 그리스도교 신앙이 우리에게 주는 약속, 기쁨과 위로가 담긴 약속이다. 그리스도교 신앙은 '삶 한가운데서 죽음에 둘러싸여 있다'는 반박할 여지가 없는 실상을 뒤엎을 용기와 권한을 우리에게 준다. 우리가 죽음 한가운데서 하느님의 영원한 생명, 우리를 해방시키는 생명에 안겨있다는 훨씬 더 위대한 약속을 주는 것이다.

이렇게 훨씬 더 위대한 진리 안에 인간 삶의 실상을 변화시키고 위로를 주는 신비가 깃들어 있다. 부활하신 예수 그리스도에게서 그리고 그분을 통하여 이 놀라운 변화가 일어났다. 제2차 바티칸공의회 문헌인 거룩한 전례에 관한 헌장 「거룩한 공의회」(*Sacrosanctum Concilium*, 이하 전례헌장)에서는 그 신비를 "파스카 신비"라고 더 정확히 표현한다. 이는 그리스도교 신앙의 핵심과 교회의 믿음을 기리는 전례의 핵심을 묘사한 것이다. "인간을 구원하고 하느님께 완전한 영광을 드리는 이 일은 구약의 백성 안에서 하느님의 위업으로 준비되었으며, 주님이신 그리스도께서 특히 당신의 복된 수난과 저승에서 살아나신 부활과 영광스러운 승천의 **파스카 신비**, '당신의 죽음으로 저희 죽음을 없애시고, 당신의 부활로 저희 생명을 되찾아 주신' 그 신비를 통하여 성취하셨다."(전례헌장 5항)[2]

그리스도교는 주님 부활과 함께 시작되었다. 그래서 부활절은 모든 그리스도교 축제 가운데 가장 중요한 축제다. 이는 부활 시기가 교회 전례력에서 성령 강림 대축일로 막을 내리는, 50일간 지속되는 유일한 축제라는 점에서도 드러난다. 독일어로 '성령 강림Pfingsten'은 (부활 후) '50일째' 되는 날을 의미한다. 또한 부활절은 40일간의 준비 기간이 선행되는 유일한 축제라는 점에서도 그 중요성을 알 수 있다. 40일간의 준비 기간 곧 '사순 시기'는 재의 수요일에 시작되며, '부활을 준비하는 참회 기간Österliche Bußzeit'이라고도 불린다. 예수 그리스도의 부활로 가시화되고 효과적으로 드러난 생명의 승리 곧 생명이 죽음을 물리친 부활의 기쁨에 동참하기 위해서는, 먼저 예수님과 함께 광야에서 유혹을 체험해야, 그분과 함께 예루살렘으로 가야, 수난 전날 밤에 올리브산에서 그분과 함께 깨어있으면서 간절히 기도해야, 성금요일에 그분의 십자가 옆에서 깊이 슬퍼해야, 그리고 성토요일의 어둡고 깊은 침묵을 견뎌야 하기 때문이다.

그러므로 사순 시기는 '십자가를 통하여 빛에 이르는 per crucem ad lucem' 여정이다. 이 시기는 동시에 그리스도교 신앙 자체가 하나의 '길'임을 상기시킨다. 그리스도인들은 당신 자신을 '길'로, 더 정확히 말하면 "길이요 진리요 생명"(요한 14,6)으로 자신을 드러내신 예수 그리스도를 믿기 때문이다. 이런 까닭에 그리스도교는 원래 '길'로 표현되었고, '길'이신 그리스도를 따르는 그리스도인들은 "새로운 길을 따르는 이들"(사도 9,2)로 불렸다. 이 길은 부활 곧 영원한 생명의 축제로 우리를 이끈다. 그 핵심은 요한복음에 기록된 예수님의 말씀처럼, 우리가 하느님을 아는 것이다. "영원한 생명이란 홀로 참하느님이신 아버지를 알고 아버지께서 보내신 예수 그리스도를 아는 것입니다."(요한 17,3) 이렇게 삼위일체이신 하느님을 아는 것, 그분의 현존 안에서 영원히 사는 것, 이 다함이 없는 신비를 기리며 경탄하는 것 외에 무엇이 영원한 생명일 수 있겠는가? 우리가 이

목표를 더 명확히 주시할수록, 우리는 하느님을 알고 그분의 현존 안에서 삶을 꾸려감으로써 이미 현세적 삶에서 영원한 생명을 더 많이 체험하게 될 것이다.

사순 시기는 우리가 이 길을 걸어가도록 고무시켜 주고, **죽음에서 생명으로** 건너가는 여정에서 우리를 굳세게 해줄 것이다. 이 책에 나오는 묵상 글들이 이 기간 동안 여러분 모두에게 영적 동반자 역할을 해주기를, 그리하여 여러분이 기쁜 부활을 맞이하고 이어지는 축제 기간에 신앙의 기쁨을 누릴 수 있기를 기원한다.

쿠르트 코흐 추기경

1

재의 수요일

사순 시기의 서곡

오페라는 서곡에 이미 앞으로 전개될 모든 모티브가 내포되어 있다. 재의 수요일은 부활을 준비하기 위해 이날부터 시작되는 특별한 기간 곧 사순 시기의 서곡과도 같다. 이 서곡의 결정적 모티브는 이날 거행되는 전례에서 '재'의 표지로 가시화되고, 머리에 재를 얹을 때 선포되는 "회개하고 복음을 믿어라"(또는 "사람아, 너는 먼지이니, 먼지로 돌아갈 것을 생각하여라")라는 말씀으로 표현된다.

참회와 회개의 표지인 '재'

종교적 맥락에서 '재'를 사용하는 것은 성경에서도 확인되며, 이미 구약성경에서 이를 발견할 수 있다. 욥은 자신이 이해하지도 못한 채 하느님께 지껄였다는 것을 깨닫고 아뢴다. "그래서 저 자신을 부끄럽게 여기며 먼지와 잿더미에 앉아 참회합니다."(욥 42,6) 모르도카이는 아각 사람 하만이 유다인들을 절멸시키겠다고 작정한 것을 알고는 "제 옷을 찢고 자루옷을 입은 다음 재를 뒤집어쓰고, 성읍 한가운데로 가서 대성통곡을 하였다."(에스 4,1) '자루옷'과 '재'는 신약성경에도 나온다. 예를 들어, 예수님이 기적을 가장 많이 일으키셨음에도 회개하지 않는 고을들을 꾸짖으실 때 이런 표현이 등장한다. "불행하여라, 너 코라진아! 불행하여라, 너 벳사이다야! 너희에게 일어난 기적들이 티로와 시돈에서 일어났더라면, 그들은 벌써 자루옷을 입고 재를 뒤집어쓰고 회개하였을 것이다."(마태 11,21)

이러한 성경적 배경에서 재는 고대 교회에서도 공적 참회와 관련해 중요한 역할을 했음을 알 수 있다. 죄의 용서를 바라는 그리스도인은 먼저 공동체 앞에 죄인으로 서야 했다. 그들은 주교나 사제에게 죄를 고백한 뒤, 상복을 입고 단식하는 등 이에 상응하는 적절한 참회 행위를 행해야 했다. 특히 배교, 살인, 간통 같은 중죄를 범한 이들은 재의 수요일에 공적 형태의 참회를 시작했으며, 참회복을 입고 머리에 재를 얹었다. 그런 다음 (아담과 하와가 낙원에서 추방된 것과 유사하게) 교회에서 추방되었다가, 참회 기간이 끝난 뒤 공적 예식과 함께 다시 교회에 받아들여졌다. 이 예식은 대개 성목요일에 거행되었다.•

새로운 천년기로 들어서면서(11세기) 공적 참회 제도는 이른바 사적 형태의 고해성사로 대체되었다. 그렇지만 '재를 얹는 예식'은 그대로 유지되었고 모든 신자에게로 그 범위가 확대되어, 이제 모든 그리스도인에게 전통에 따라 참회 예식에 참여하고 머리에 재를 얹는 것이 권장되었다. 재

• 이른바 '화해의 성사'로, 3-4세기에는 이날 오전에 거행되었다 - 옮긴이.

를 얹는 것은 자기가 죄인임을 안다는 것을 명확히 고백하는 것이자 재의 수요일에 시작되는 사순 시기 동안 자기 죄를 통회할 의무를 표현하는 것이기 때문이다.

재는 죄의 고백과 참회, 그리고 저지른 죄에 대한 슬픔을 보여주는 표지다. 이에 비추어 '부활을 준비하는 참회 기간'의 핵심은, 예수 그리스도께서 요청하신 말씀 곧 재를 얹을 때 우리 각자에게 직접 전달되는 말씀에 담겨 있다는 것을 분명히 알 수 있다. "회개하고 복음을 믿어라."(마르 1,15)

사실 이 말씀은 커다란 부담으로 다가온다. 그러한 회개가 우리에게 결코 쉽지 않다는 것을 경험으로 알기 때문이다. 구약의 예언자 예레미야는 심지어 인간은 회개할 능력이 없다고 여기며, 이를 생생한 비유로 표현했다. "에티오피아 사람이 자기 피부색을, 표범이 자기 얼룩을 바꿀 수 있겠느냐? 그럴 수만 있다면 악에 익숙해진 너희도 선을 행할 수 있으리라."(예레 13,23)

하느님의 방향 전환과 인간의 회개

"회개하여라, 하늘나라가 가까이 왔다."(마태 4,17) 예수님의 이 말씀을 좀 더 주의 깊게 들어보자. 그러면 회개하라는 요구가 과도하거나 부담스럽게 다가오지 않을 것이다. 이 말씀 안에는 하느님의 나라가 온다는 기쁜 소식이 담겨있다. 예수님은 하늘나라가 가까이 오도록 우리에게 회개를 요구하시는 것이 아니라, 오히려 하늘나라가 가까이 왔기에 우리가 회개해야 한다는 결론을 끌어내시는 것이다. "하늘나라가 가까이 왔다"라는 예수님의 말씀은 회개의 바탕이 되고, 또 회개를 가능하게 한다. 이 기쁜 소식은 그리스도인에게 적극적이고 긍정적인 태도를 요청하는데, 이는 오직 우리가 하느님께 돌아서는 회개로 이루어진다.

이러한 근본적이고 우선적인 순서는 이미 구약성경에 나타나 있으며, 재의 수요일 전례 때 봉독되는 요엘서의 본문에 특히 명료하게 드러난다. 하느님은 예언자를 통해 말씀하시며 강하게 요구하신다. "…마음을 다하여 나에게 돌아오너라. 옷이 아니라 너희 마음을 찢어라. 주 너희 하느님에게 돌아오너라."(요엘 2,12-13ㄱ) 나아가 예언자는 이제 의미의 방향을 바꾸어, 하느님이 마음을 돌이키시는 것에 대해 말한다.

"그는 너그럽고 자비로운 이
분노에 더디고 자애가 큰 이
재앙을 내리다가도 후회하는 이다.
그가 다시 후회하여
그 뒤에 복을 남겨줄지
…
누가 아느냐?"(요엘 2,13ㄴ-14)

이는 하느님의 끝없는 사랑을 기리는 아름다운 구절이다. 하느님께서 우리 인간에게 향하시는(인간을 향해 마음을 돌이키시는) 자발적이고 너그러우신 의지가, 우리가 그분께로 돌아서는 데 바탕이 되고 선행됨을 말하는 것이다.

특히 구약의 예언자 호세아를 통하여 하느님은 이렇게 말씀하신다. "에프라임아, 내가 어찌 너를 내버리겠느냐? 이스라엘아, 내가 어찌 너를 저버리겠느냐? … 내 마음이 미어지고 연민이 북받쳐 오른다. 나는 타오르는 내 분노대로 행동하지 않고 에프라임을 다시는 멸망시키지 않으리라. 나는 사람이 아니라 하느님이다. 나는 네 가운데에 있는 '거룩한 이'…."(호세 11,8-9) 이 말씀에 따르면, 하느님은 거의 스스로에게 맹세하듯 당신은 사람이 아니라 하느님이심을 상기하며 마음을 돌리신다. 그렇기 때문에 복수를 고집하지 않으신다. 우리 인간이 흔히 그렇게 하는 것과는 전혀 다르시다. 오히려 하느님은 사랑으로 당신 백성 편에 서시고, 그들에게 새로운 시작을 선사하신다.

이렇게 하느님께서 인간에게 향하시는(인간을 향해 마음을 돌이키시는) 사랑을 크게 기리는 장엄한 찬가는 신약성경에서 다시 한번 더욱 심화된다. 특히 십자가 사건에서 그렇다. 베네딕토 16세 교황 역시 십자가 사건을 하느님의 방향 전환이라고 해석하고, 이 십자가 사건 안에서 하느님의 사랑이 "가장 철저한 형태"로 드러났다고 보았다. "그분의 십자가 위 죽음은 **하느님께서 당신 자신을 거슬러**, 인간을 들어 높이시고 구원해 주시고자 당신 자신을 내어주시는 행위의 절정"[3]이라는 것이다. 하느님께서 우리에게 요구하신 회개는 구원을 위한 조건이 아니라는 것이 십자가에서 극명히 가시화되기 때문이다. 오히려 우리의 회개는 하느님께서 먼저 우리에게 베푸신 구원의 결과다. 또한 하느님께서 우리 인간을 향하시는 사랑에 대한 지당하고 일관된 응답이다.

화해는 하느님이 이끄시는 것이고 그리스도인의 의무다

이러한 우선순위는 바오로 사도의 특별한 관심사로서, 그는 코린토 신자들에게 보낸 둘째 서간에서 이를 명확히 표현한다. "하느님께서는 그리스도 안에서 세상을 당신과 화해하게 하시면서, 사람들에게 그들의 잘못을 따지지 않으시고…."(2코린 5,19) 이러한 말씀으로 바오로는 하느님께서 화해의 주도권을 가지고 계시며, 하느님과의 화해는 인간 편에서 이룰 수 있는 일이 아님을 강조한다. 순전히 인간적 관점에서는 우리 편에서 다가가 하느님과 화해를 이룰 수 있기를 기대한다. 죄를 지은 쪽은 인간이지 하느님이 아니시기 때문이다. 그러나 성경은 인간이 하느님께 나아가 제물을 바치는 것으로 그분과 화해할 수 있는 것이 아니라, 하느님이 먼저 우리에게 다가오시어 화해를 선사하신다고 전한다. 화해는 하느님이 이끄시는 것이며, 모든 사람과 우주 전체에 주시는 선물이다.

이 메시지에서 우리는 그리스도교 신앙의 놀라운 진리와 더불어 그리스도교가 가져온 종교사의 급진적 전환을 마주하게 된다. 하느님은 인간이 다가와서 화해할 때까지 기다리지 않으신다. 모든 경험에 비추어 볼 때, 그분은 오랫동안 기다리셔야만 할 것이다. 그리하여 하느님 편에서 인간에게 다가오시어 우리와 화해를 이루신다. '되찾은 아들의 비유'에 나오는 아버지가 그랬듯이 말이다. 그 아버지는, 비참한 처지가 된 뒤에야 가슴을 치며 집으로 돌아온 아들과 셈하지 않고 배상을 요구하지도 않는다. 오히려 달려가 아들을 다정하게 맞아들이고 잔치를 벌인다.

바오로는 이 놀라운 메시지를 다시 한번 강조하고, 우리가 그것을 마음에 새기도록 이렇게 덧붙인다. "하느님께서는 죄를 모르시는 그리스도를 우리를 위하여 죄로 만드시어, 우리가 그리스도 안에서 하느님의 의로움이 되게 하셨습니다."(2코린 5,21) 바오로가 우리를 주목하게 하는, 예수 그리스도 안에서 이루어지는 하느님의 화해 행위는 결코 값싼 행위가 아니라 힘겨운 일이다. 예수님의 십자가에서 궁극적으로 드러났듯이, 화해는 결국 원수를 사랑하는 것이다. 지극히 인간적인 논리에 따르면, 예수님이 당하신 십자가 죽음의 잔혹함에 대해서는 세상이 다시 제자리를 찾기 위해 끝까지 복수가 이루어져야 했을 것이다. 그러나 하느님은 예수님의 십자가에서 모든 복수와 보복에 대해 명확한 종지부를 찍으셨다. 예수님이 십자가에 달리신 날은 그분의 위대한 화해의 날, 온 세상을 위한 속죄의 날(욤키푸르)이다. 하느님은 십자가에서, 인류가 저지르는 악에 보복이 아닌 당신의 무한한 사랑으로 대응하셨다. 이 무한한 사랑에는 고통을 기꺼이 감내하려는 의지도 담겨있다.

이것이 화해의 가장 중요한 핵심이다. 화해는 단순히 감상적인 감정이 아니라 자신의 삶을 바칠 것을 요구한다.

바오로는 하느님이 화해를 이끄신다는 것을 크게 강조하는 동시에 믿음에 따른 결과, 곧 예수 그리스도 안에서 하느님의 화해 행위를 통해 우리에게 자연스럽게 이루어지는 결과에도 주목하게 한다. "우리는 그리스도의 사절입니다. 하느님께서 우리를 통하여 권고하십니다. 우리는 그리스도를 대신하여 여러분에게 빕니다. 하느님과 화해하십시오."(2코린 5,20) 우리가 화해의 선물을 받아들이고 하느님과 화해하면, 우리도 사람들에게 하느님과 화해하도록 권하고, 화해를 위해 애쓰며, 화해의 전달자로서 봉사할 소명과 의무를 지니게 된다. 하느님이 화해를 이루시는 방식으로 말이다.

그리스도인에게 무엇보다 요청되는 통찰은, 하느님이 화해를 이끄시는 것처럼 인간들 사이의 화해도 누군가가 첫 행보를 감행해야 가능하다는 것이다. 특히 인간관계에서 수없이 목격하게 되는 상호 무장 경쟁 속에서 말이다. 곧 한쪽은 다른 쪽이 먼저 무장했다고 여기며 무장을 강화하고, 상호간 계속되는 무장 강화는 누군가가 이를 멈출 용기를 낼 때까지 중단되지 않는다. 하느님과의 화해도 우리 사이의 화해도 누군가가 첫발을 내딛음으로써 시작되며, 상대방을 같은 길로 초대하는 것으로 이어진다. 하느님과의 화해는 그분의 사랑에서 비롯되며, 우리에게 화해를 요구하시는 것이 아니라 그분이 화해를 선사하신다. 그리스도인들 안에서 이와 같은 화해는 내적 여정을 전제로 한다. 다시 말해 상처의 치유와 이에 따르는 고통에 동참하는 것이다. 화해는 언제나 회개 곧 마음의 변화와 새로운 사고의 결실이며, 이를 가능하게 하는 힘은 사랑이다.

이런 의미에서 그리스도인은 화해의 전달자가 되라고, 더 정확히 말하면 그리스도의 권위를 가지고 사람들에게 하느님과 화해하도록 전하라고 부름받았다. 그러나 이러한 화해의 직분은, 우리 자신이 하느님과 화해하도록 내어 맡기고 또 화해한 사람으로 살아갈 때에만 진정성 있게 수행할 수 있다. 경험에 비추어 화해는 우리를 부담스럽게 하는 요구가 아니라 우리를 해방시키는 믿음의 결과이기 때문이다. 이 기쁜 소식을 마음에 새기며 사순 시기를 지낸다면, 우리에게 요청되는 회개는 그저 힘든 참회 행위가 아니라 그분이 우리에게 베푸시는 화해에 대한 기쁜 응답이 될 것이다. 하느님은 은총으로 그리고 무상으로 이 화해의 선물을 주신다. 사순 시기에 우리는 이 선물을 새롭게 받아들이고 또 그것에 힘입어 살아갈 수 있다.

죽음의 표지 vs 생명의 표지

참회와 화해의 표지인 재를 얹으며, 이 표지가 현세적 삶의 덧없음을 묵상하는 것과도 연관됨을 알 수 있다. 이는 세비야의 이시도로 성인이 7세기에 아마도 처음으로 언급했으며,[4] 중세기 전례에서 유래한 '재를 머리에 얹는 예식' 경문에 다음과 같이 표현되어 있다. "사람아, 너는 먼지이니, 먼지로 돌아갈 것을 생각하여라." 이 말씀을 들으며 우리는 인류 역사가 시작되던 때로 돌아간다. 아담과 하와가 죄를 지은 뒤에 하느님께서 아담에게 말씀하셨다. "너는 흙에서 나왔으니 흙으로 돌아갈 때까지 얼굴에 땀을 흘려야 양식을 먹을 수 있으리라. 너는 먼지이니 먼지로 돌아가리라."(창세 3,19) 이는 우리 자신의 나약함과 부족함, 불완전함을 떠올리게 하고, 우리에게 다가올 죽음도 상기시킨다. 죽음은 인간 조건conditio humana의 최종적인 결과다. 재와 먼지는 죽음의 표지이기 때문이다.

재는, 인간은 먼지이고 다시 먼지로 돌아갈 것임을 명확히 상기시킨다. 사순 시기를 시작하면서 이를 기억하는 것은 유익하다. 특히 오늘날에는 죽음을 우리 삶에서 쫓아내려는 경향이 있기 때문이다. 그러나 죽음을 밀어내는 것은 삶에 결코 도움이 되지 않는다. 죽음을 더 이상 삶에 속하지 않는 것으로 여기면, 죽음의 가치뿐만 아니라 삶의 가치도 훼손된다. 조력자살을 합법화하는 문제를 놓고 최근에 벌어지고 있는 토론은, 인간이 아직 건강한 상태에서 죽기를 바란다면 무슨 일이 일어날지 주목하게 한다.

재의 수요일은 우리가 자신의 죽음과 마주하도록 요구한다. 그러나 이 무거운 요구는 유익하다. 재의 수요일이 우리에게 또 다른, 희망 가득한 메시지를 준비해 놓고 있기 때문이다. 이날 거행되는 전례에서 재는 죽음의 표지일 뿐 아니라 무엇보다 생명의 표지이기도 하다. 이 전례는 인간이 먼지임에도 하느님께는 귀한 존재임을 우리에게 알려 주기 때문이다. 하느님은 인간을 창조하셨고 영원한 생명을 주기로 결정하셨다. 예수님은 우리와 함께 나약함과 유한함이라는 운명을 나누기 바라셨고 십자가의 잔혹한 죽음을 부활로 나아가는 길인 사랑의 행위로 바꾸어 놓으셨다. 이와 같이 우리도 그분의 죽음과 부활에 참여하는 세례를 통해서, 비록 다시 먼지로 돌아가지만 하느님께서 이 먼지를 영원한 생명에 받아들이시어 변화시켜 주시리라는 약속을 받은 것이다.

영원한 생명으로 시선을 돌리는 가운데 분명해지는 점이 있다. 머리에 재를 얹는 것에는 두 가지 요소, 곧 참회하고 회개하라는 요청과 현세적 삶의 덧없음을 깊이 생각하라는 요구가 긴밀히 결부되어 있다는 것이다. 인간이 먼지임을 떠올리는 것은 우리를 참회하도록 이끌고, 우리가 맞이할 죽음과 우리 앞에 놓여있는 하느님의 심판을 바라보게 한다. 그러나 우리가 이 회개의 여정에서 십자가에 못 박혀 돌아가시고 부활하신 예수 그리스도를 바라본다면, 하느님이 세상을 얼마나 많이 사랑하시는지 그리고 우리가 하느님께 얼마나 소중한 존재인지 새롭게 깨닫게 될 것이다. 사순 시기를 시작하는 이날, 머리에 얹는 재가 그것을 증언한다. 곧 인간은 먼지이고 언젠가 다시 먼지로 돌아가지만, 이 먼지 자체가 하느님께 들어 올려지고 영원한 생명으로 받아들여져 변화되리라는 것을 우리에게 약속하기 때문이다.

참회하고 회개하며 자신의 죽음에 대해 생각할 때, 우리가 부활하여 빛날 영원한 생명에 시선을 둔다면 무거운 기분이 사라질 것이다. 그것들은 더 이상 슬픔과 절망의 표지가 아니라, 부활에 대한 기쁨과 확신 그리고 하느님께서 우리에게 행하시고 완성하실 것에 대한 감사의 표지가 된다. 이렇게 기쁨에 찬 확신을 품고, 우리는 사순 시기를 시작하며 축복한 재를 머리에 얹는 장엄한 예식을 거행한다. 이로써 우리 죄를 그리고 회개의 필요성을 고백하며, 살아계신 하느님과 그분이 주시는 영원한 생명에 대한 믿음을 새롭게 다진다.

2

사순 시기의 의미

은총의 시기인 사십 일

부활로 나아가는 사십 일

교회에서 사십 일 동안 부활을 준비하게 된 것은 4세기부터로 알려져 있다. 그리스도인들은 이미 2세기에 이틀간 슬퍼하고 단식하면서 부활을 준비했고, 3세기에는 그 기간이 성주간으로 확대되었다. 부활을 준비하는 사십 일, 곧 사순 시기(라틴어로 '콰드라제시마 Quadragesima')에 관해 처음으로 언급된 곳은 알렉산드리아의 아타나시우스가 334년에 쓴 부활 서간으로 알려져 있다. 그는 이 기간을 부활을 준비하는 시기로 의미를 부여한다. "우리가 사십 일 동안 단식을 행하지 않았다면 파스카 음식을 먹기 위해 예루살렘으로 올라갈 수 없습니다."[5]

사순 시기의 도입은 우선적으로 세례를 준비하는 예비신자 교리교육과 관련이 있다. 4세기부터 파스카 성야 미사 중에 장엄한 세례식이 거행되었고, 이를 위해 지망자들은 사십 일간 준비했다. 5세기부터는 공개적으로 죄를 뉘우친 이들이 교회로 돌아오는 일도 파스카 성야 미사 중에 이루어졌다. 그전에는 당사자들이 사십 일간 참회한 뒤 성목요일에 다시 교회 공동체에 받아들여졌다. 이렇게 본래 세례 지망자들과 참회자들을 위해 마련된 사십 일의 기간은 곧 교회 전체로 확대되어, 이 두 그룹과 더불어 온 교회가 사순 시기에 하느님의 말씀을 깊이 새기고 회개하고 단식하고 기도하며 부활을 준비하게 되었다.

제2차 바티칸공의회 문헌 **전례헌장**에서는 사순 시기의 이 두 가지 차원을 다시금 부각하면서 다음과 같이 명시하고 있다. "사순 시기는 두 가지 성격을 지니고 있으므로, 특히 세례의 기억이나 준비를 통하여 또 참회를 통하여 신자들이 더 열심히 하느님의 말씀을 듣고 기도에 전념하여 파스카 신비의 경축을 준비하게 한다."(전례헌장 109항)[6]

이렇게 다양한 형태로 전개된 과정을 고려한다면, 재의 수요일에 시작해서 주님 부활 대축일을 향해 가는 이 시기를 독일어로 사순 시기Quadragesima, 부활을 준비하는 참회 기간Österliche Bußzeit, 단식의 시기Fastenzeit[•] 등의 여러 명칭으로 부르는 것을 이해할 수 있다. 이 명칭들에 관해 생각해 보는 것도 이 시기의 더 심오한 의미를 파악하고 우리가 이 시기를 각자에게 적합한 방식으로 보내는 데 도움이 될 수 있을 것이다.

• 우리말로 '사순 시기'로 번역되나, 문자적 의미를 살리기 위해 여기서는 단식의 시기로 표현했다 - 옮긴이.

부활을 준비하는 참회 기간, 하느님께로 향함

'부활을 준비하는 참회 기간Österliche Bußzeit'이라는 명칭은 앞에서 언급한 바와 같이, 사십 일이 원래 세례를 준비하는 시기였고 따라서 그리스도인이 되는 기간이었음을 상기시킨다. 그 이면에는 그리스도인이 되는 것은 회개와 변화라는 긴 여정을 거쳐야 한다는 확신이 깔려있으며, 세례 지망자는 이 여정을 단계적으로 걸어가야 했다. 고대 교회에서는 세례 지망자가 3년 동안 교리교육을 받아야 했고, 이 기간에 유다-그리스도교 신앙을 배우고 그리스도인의 생활 방식을 익혀야 했다. 고대 교회는 현실적 측면에서 세례 지망자가 그리스도인의 삶을 스스로 익힐 수 없기에 그것을 배우고 훈련해야 한다고 보았기 때문이다. 또한 자명하게도 악의 세력은 강력하므로 하느님 나라를 위해 투쟁해야 하며, 그러기 위해서는 시간이 필요하다는 것을 전제한 것이다.

그러므로 고대 교회에서 교리교육은 세례 지망자가 세

례를 받기 위해 필요한 회개의 진정성을 드러낼 수 있던 제도였다. 교리교육이 실존적으로 어떠한 중요성을 지니는지는, 아우구스티노 성인이 그리스도교에 입교하는 것을 빵이 만들어지는 과정에 비유한 데서도 드러난다. "들판에 뿌린 낟알들을 거두어들여 타작하고 빻아서 가루로 만들고 반죽하여 불에 굽듯이, 세례 지망자들은 철저히 세례 준비를 하여 물로 세례를 받고 성령의 불로 구워져 빵이 되어야, 다시 말해 그리스도의 몸이 되어야 한다."[7]

여기서 교리교육과 세례식에 구마驅魔와 도유, 안수, 마귀를 끊어버린다는 맹세와 같이 악에 맞서 투쟁하는 것을 표현한 상징 행동이 수반되는 가장 심오한 이유가 밝혀진다. 이런 점에서 세례 예식은 예전의 교리교육에 들어있는 기본 요소들을 상기시킨다. 고대 교회에서 거행된 세례식에서는 세례의 신비를 깨닫도록 눈멀고 귀먹은 사람의 표상이 사용되었다. 세례는 인간으로 하여금 하느님의 현존 안에서 산다는 것을 보게 하고, 혀가 풀려 말을 하면서 하느님을 찬미하게 한다. 세례 때 눈과 귀와 입이 열리는 것은, 그리스도인이 신앙 공동체에서 올바르게 보고 듣고 말하는 법을 배우고, 창조 세계 전체에서 하느님의 현존을 인식하게 될 것을 미리 보여준다.

사십 일간 지속되는 참회 시기의 본래 의미를 기억하는 것은 오늘날의 그리스도인들에게도 일깨움을 준다. 이미 세례를 받은 이들이라 할지라도 그리스도인이 되는 여정은 결코 끝나지 않았고 단번에 목적지에 도달할 수 없다는 것, 그 길은 그리스도인의 삶 전체를 아우르기에 늘 새롭게 발걸음을 내디뎌야 한다는 것이다. 그러므로 '부활을 준비하는 참회 기간'은, 그리스도인이 되는 것 그리고 그리스도인으로 사는 것은 끊임없이 그리스도인이 되어감으로써 실현될 수 있음을 새롭게 깨닫게 해준다. 그것은 결코 과거에 종결된 사건이 아니라, 우리가 그리스도인으로서 늘 새롭게 회개하고 하느님께로 향할 것을 요구한다.

신앙생활에서 요구되는 코페르니쿠스적 전환

'부활을 준비하는 참회 기간'의 시작은 교회 전례력에서는 물론, 특히 그리스도인의 신앙생활에서도 갈림길의 의미를 지닌다. 회개하라는 외침은, 우리 삶이 때때로 그릇된 방향으로 가는 길에 들어섰기에 다시 올바른 길로 돌아가야 하고 어쩌면 새로운 길을 찾아야 한다는 것을 전제한다. 곧 회개는 한편으로는 우리가 길을 잃었거나 심지어 그릇된 길로 들어섰다는 것, 아무튼 죄를 지었기에 돌아서서 올바른 길을 찾아야 한다는 데서 출발한다. 다른 한편으로는 돌아서서 가야 할 그 뚜렷한 목표를 주시한다. 이것이 '부활을 준비하는 참회 기간'이 요구하는 것이다. 이 시기에 우리는 회개하도록 부르심을 받고, 우리 삶에서 회개와 참회가 무엇을 의미하는지 새롭게 성찰해 보도록 초대받는다.

우리는 다시금 교회의 삶이 시작되던 때를 되돌아보면서 그리스도교 신앙의 이 핵심적인 단어가 지닌 심오한 의미에 다가갈 수 있을 것이다. 당시에는 '회개'라는 단어가 문자 그대로 이해되었으며, 전례 중에 극적인 방식으로 행해졌다. 성인成人들이 교회 공동체에 받아들여질 때 거행된 이 예식은 예루살렘에서 거행된 초기 전례에서 전승되었다. 곧 세례자는 먼저 성당 안 뒤쪽에 서서, 당시에 암흑과 어둠의 장소로 여겨졌던 서쪽으로 몸을 향하게 하여 모든 악과 마귀와 자신의 온갖 허식을 끊어버린다고 네 번 말한다. 그러고 나서 해가 떠오르는 곳이자 빛의 장소인 동쪽으로 몸을 돌린 다음, 성부 하느님과 성자 예수 그리스도와 성령께 대한 그리스도교 신앙을 고백한다.

이렇게 서쪽에서 동쪽으로 몸을 돌리는 동작이 전례 중에 행하여졌고, 이는 그리스도인의 삶에서 회개가 무엇을 의미하는지를 드러내는 신앙의 몸짓으로 여겨졌다. 회개는 악에서 몸을 돌리고 선을 향하는 것, 그리고 이로써 자신의 삶의 방향을 바꾸는 것이다. 이렇게 전향하는 것은 삶의 방향을 새롭게 정하는 것과 결부되어 있다. 다시 말해 삶을 동쪽으로, 해가 떠오르는 쪽으로 향하는 것이다. 그렇기 때문에 회개하는 삶은 기본적으로 이런 뜻이다. "너희의 삶을 주님께 향하게 하라Conversi ad Dominum!" 그러한 회개는 세례받은 이의 삶을 크게 변화시키므로, 여기서 '자기 삶의 코페르니쿠스적 전환'에 관해 언급할 필요가 있다.[8] 이는 본질적으로 더 이상 자신을 세상의 중심으로 바라보지 않고, 다른 모든 이가 자신을 중심으로 움직여야 한다고 생각하지 않으며, 우리 자신이 하느님의 무수한 피조물 가운데 하나로서 모든 생명의 참된 중심이신 그분 주위에서 함께 움직인다는 것을 긍정하기 시작하는 것이다.

우리 삶에 지대한 영향을 미치는 이러한 요구를 진지하게 받아들이면, 코페르니쿠스적 전환 이전에 지녔던 환상이 우리 안에서 얼마나 지속적으로 살아있고 또 작용하는지 똑바로 인식할 수 있다. 일상적 경험에 따라 우리는 여전히 눈에 보이는 대로 해가 떴다가 지고 땅 주위를 도는 것처럼 여긴다. 더 깊은 의미에서 보면, 우리는 자기 자신을 중심에 두고 다른 모든 사람이 그 주위를 돌게 할 수 있다는 착각 속에, 심지어 그래야 한다고 믿으며 코페르니쿠스 이전의 삶을 살고 있다. 그러나 그리스도교 신앙은 자신의 삶에서도 코페르니쿠스적 전환을 하라고, 그리고 살아계신 하느님 안에 뿌리내리면서 자기애를 극복하라고 우리에게 요청한다.

코페르니쿠스적 전환은 세례 때 이미 하느님으로부터 우리에게 이루어졌다. 그러나 우리는 날마다 새롭게 전환해야 한다. 코페르니쿠스적 전환은 죄와 죽음에 넘겨진 '육적' 삶에서 하느님의 영에 의해 인도된 '영적' 삶으로 근본적으로 바뀐다는 뜻을 내포하고 있다. 이는 무엇보다 하느님과 인격적 친교를 이루며 사는 삶으로 변화되는 모습에서 나타난다. '부활을 준비하는 참회 기간'을 '단식의 시기Fastenzeit'라 부르는 이유가 여기에 담겨있다.

단식의 시기,
그리스도인의 훈련 기간

이 훈련은 단식에 주안점을 둔다. 물론 단식은 오늘날 더 이상 계명이 아니며, 그리스도교 신앙만의 특권도 아니다. 요즘은 미용이나 건강상의 이유 또는 다른 이유에서 다양한 방식으로 단식하는 사람들이 늘고 있다. 이는 물론 그리스도교가 의미를 두는 단식을 말하는 것이 아니다. 인간에게 유익하고 환영받을 만한 미적·의료적 단식은 우선적으로 당사자를 위해서 행해지기 때문이다. 그러한 단식은 인간을 자기 자신에게서 해방시키려는 목적을 갖는 것이 아니라, 그 당사자만을 위한 것이다. 반면에 그리스도교에서 말하는 단식은 무언가를 포기하는 것을 의미한다. 포기하는 것은 인간을 자기 자신으로부터 자유롭게 한다. 또한 하느님을 위하여 그를 자유롭게 하고, 이로써 다른 사람들을 위해서도 그를 자유롭게 할 수 있다. 그리스도인에게 단식은 자기중심적인 것이 아니다. 그리스도인의 단식은 점점 더 하느님께 그의 마음을 열게 하고, 이로써 이웃의 관심사에도 마음을 열게 한다. 나아가 하느님에 대한 사랑은 이웃에 대한 사랑도 포함한다는 것을 상기시킨다. "네 이웃을 너 자신처럼 사랑해야 한다."(마르 12,31)

그리스도인에게 단식은 깊은 종교적 의미를 지닌다. 그

는 이러한 포기를 받아들이고 식탁을 더 소박하게 차리면서, 이기주의를 극복하고 사랑과 내어줌을 바탕으로 하는 신앙의 논리 안에서 사는 법을 배운다. 이와 같은 근본 자세로써 그리스도인은 사순 시기에 자선과 나눔을 실천한다. 이러한 베풂을 통해 그는 오늘날 많은 사람이 젖어있는 물질의 우상화에 저항한다. 그리고 자신의 삶에서 하느님을 우위에 놓고 그분의 시선으로 가난하고 궁핍한 이들의 고통을 인식한다. 이렇게 하느님께 향하는 집중은 특히 사순 시기에 더 깊이 있게 행하는 기도를 통해 더욱 잘 이루어진다. 기도는 우리에게 하느님을 위한 시간을 선사하여 우리와 교회와 온 세상에 대한 그분의 뜻을 깨닫게 하기 때문이다.

이렇게 사순 시기는 우리가 하느님께 더 가까이 나아가고 이웃에게로 향하게 하는 데 도움이 되는 길을 제시한다. '단식'과 '자선'과 '기도'는 예수님이 이미 제자들에게 권고하셨고 사순 시기에 고전적 지침이 된 방법들이다. 그분은 이 지침을 외적으로만 따르지 말고 내적으로 따를 것을 특별히 강조하셨다. 단식할 때에는 사람들에게 드러내 보이지 말고, 자선을 베풀 때에는 숨어서 하며, 기도는 골방에 들어가 문을 닫은 다음 바치라고 하신다.(마태 6,1-6.16-18 참조) 사순 시기에 실행하는 영적 훈련은 인간의 몸뿐만 아니라 영혼에도 관계되기 때문이다. 단식에 관한 어느 지침서에 이렇게 나와 있듯이 말이다. "단식을 통해 정신을 드높여라."

이로써 그리스도인이 하는 수련의 본래 의미가 분명해진다. 그리스도인의 수련은, 신앙생활은 쉬운 길이 아니며 영적 훈련이 필요하다는 것을 상기시킨다. 그렇지만 이런 훈련으로써 사순 시기는 새롭게 하느님과 이웃에게 향하는 법을 배우는 학교가 된다.

사순, 광야와 은총의 시기

이 소제목은 '부활을 준비하는 참회 기간'이 사십 일(사순四旬, 콰드라제시마Quadragesima)로 규정된 것을 다시 한번 생각해 보게 한다. 참회 기간이 '40'이라는 숫자로 표현된 것은 먼저 예수님이 광야에서 사십 일간 단식하신 일을 떠올리게 한다. 이는 모세가 거룩한 돌 판에 새겨진 하느님의 말씀을 받기 전에 시나이산에서 지낸 사십 일, 엘리야가 하느님의 산 호렙에 이르기 위해 밤낮으로 걸은 사십 일, 라삐 문헌에 따르면 아브라함이 호렙산을 향해 가면서 먹을 것과 마실 것도 없이 자신을 동행한 천사만 바라보고 그의 말을 들었다는 사십 일, 그리고 무엇보다 이스라엘 백성이 광야를 지나가야 했던 사십 년으로 거슬러 올라간다.

이스라엘 백성은 이러한 광야에서의 사십 년을 극도의 위험과 큰 유혹의 시기로 체험했다. 그 시기는 이스라엘 백성이 하느님께 반항하고 불평하며, 이전의 이교異教 신앙으로 되돌아가려던 때였다. 그 시기는 그들이 믿음에 대한 확신 없이 휘청거리며 더 이상 길을 찾지 못한 때였다. 그 시기는 이스라엘 백성이 다른 신들을 만들어 내어 섬기려던 때였다. 이스라엘을 사랑하시는 야훼 하느님을 그들은 저 멀리 계신 분으로 여기며 더 이상 따르지 않았기 때문이다.

이스라엘 백성이 이렇게 광야에서 사십 년간 지낸 시기는 우리가 그리스도인으로서 그리고 교회 공동체로서 오늘날에도 빈번히 직면하는 상황을 잘 묘사하고 있지 않은가? 우리는 오늘날 새로운 방식으로 사십 일, 곧 광야의 시기에 보내진 게 아닐까? 우리는 오늘날 특히 노골적인 방식으로 사순절의 교회, 광야에 있는 교회가 된 게 아닐까? 세속화된 세상에서 우리는 현세적 안전과 안식처의 상징인 '약속의 땅'을 오래전에 잃어버린 것처럼 보인다. 또 그동안 확실하다고 여겼던 많은 것이 지금은 우리에게서 사라진 것처럼 보인다. 그리고 주변을 바라보면 교회는 16세기에 일어났던 종교개혁 이후 가장 심각한 위기에 직면해 있다.

그러나 이 광야의 상황 속에서 우리는 또한 기억해야 한다. 이스라엘은 훗날 뒤돌아보면서 광야에서 사십 년간 떠돌던 시기를 하느님과 당신 백성 사이의 첫사랑, 그분을 향한 이스라엘의 첫사랑의 시기로 재발견했다는 것이다. 같은 방식으로 재의 수요일부터 부활을 향해 걸어가는 사십 일은 오늘날 그리스도인들에게도 하느님과 우리의 첫

사랑, 세례성사 때 우리가 받은 그 뜨거운 사랑을 떠올리게 하고 그 사랑에 새롭게 불을 지피도록 초대한다. 그렇다면 사십 일간의 광야 시기는 우리에게도 은총의 시기로 바뀔 수 있다. 그리고 광야에서 겪은 고통은 하느님에 대한 새로운 사랑을 싹트게 할 것이다.

물론 이는 고유한 삼화음을 이루는 이 시기를 우리가 의식적으로 살아야 가능하다. 곧, 단식과 자선과 기도를 실천하고 내면으로 눈을 돌려 영적 성장을 위해 애쓰면서 '단식의 시기'를 보내는 것이다. 그리고 회개의 의미에서 그리스도인으로서 쇄신과 영적 훈련에 중점을 두면서 '부활을 준비하는 참회 기간'을 보내는 것이다. 또 광야의 시기를 견뎌내고 하느님의 은총을 재발견하기 위해 노력하면서 '사순 시기(사십 일)'을 보내는 것이다. 우리가 이러한 삼화음을 이루는 시기를 잘 보낸다면, 부활을 맞으며 우리에게 새 날이 선사될 것이다. 그렇다. 이 새 날에 하느님의 은총이, 인간 삶에 있는 광야를 가져갈 것이다.

3

유혹의 광야에 있는 그리스도인

사순 시기의 극적 긴장감

사십 일간의 사순 시기는 처음부터 이미 극적 긴박감을 불러일으키고, 이 긴박감은 임박한 시기의 중요성을 암시한다. 사순 제1주일에 봉독되는 복음은 예수님이 성령의 인도로 광야에 나가시어 사십 일을 밤낮으로 단식하시고 악마에게 유혹을 받으셨다고 전한다.• 예수님이 광야에서 지내신 사십 일은 이스라엘 백성이 광야에서 지낸 사십 년을 떠올리게 한다. 마태오 복음사가는 이 기억을 의도적

• 사순 제1주일 복음은 예수님의 유혹 이야기로, 전례력 가해에는 마태오복음, 나해에는 마르코복음, 다해에는 루카복음을 봉독한다. 여기서는 전례력 가해에 따른 마태 4,1-11을 중심으로 설명한다 - 옮긴이.

으로 택했다. 이스라엘 백성이 광야에서 지낸 것과 예수님이 광야에서 지내신 것은 밀접한 연관성이 있음을 알리려는 것이다. 예수님은 "마치 시간의 흐름을 압축하듯이 하느님 백성의 역사 속으로 들어가셔야 했다. 이스라엘 백성이 광야 시절에 하느님께 시험받았듯이, 그분은 세상의 세력에 내맡겨짐으로써 하느님으로부터 시험을 받으셨다."[9]

소유와 명예와 권력에 대한 유혹

그러한 맥락에서 복음사가는 예수님이 광야에서 사십 일간 지낸 뒤 받으신 세 가지 유혹은 하느님 백성이 겪는 근본적 유혹들과도 관련되어 있음을 알리고자 한다. 따라서 예수님의 유혹 이야기는 오늘날 그리스도인의 신원과 교회의 삶에 대해서도 근본적인 것을 말해줄 수 있다. 그러므로 예수님이 받으신 유혹들을 더 면밀히 관찰하고 그분이 그 유혹들에 어떻게 대처하셨는지 살펴보아야 한다. 이를 토대로 우리 자신이 받는 유혹들과도 마주함으로써, 사순 시기 동안 이 유혹의 광야에서 벌어지는 영적 전투에서 승리할 수 있을 것이다.

첫째 유혹에서 악마는, 사십 일을 단식해서 허기지신 예수님을 설득하여 광야에 있는 돌들이 빵이 되도록 명하라고 한다. 악마는 예수님께 소유에 대한 인간의 근본적 욕망을 이야기하면서, 하느님과 그분의 뜻을 양식으로 삼으며 가난하게 사는 대신 모든 것을 소유하고 세상을 지배하도록 유혹하려 한다. 그러나 예수님은 세상적인 것들을 대하시는 태도에서 당신의 자유를 증명하신다. 몹시 시장하셨지만, 스스로 만든 빵이 아니라 "하느님의 입에서 나오는 모든 말씀"(마태 4,4)을 갈망하신 것이다. 사람은 빵만으로 살지 않고 무엇보다 생명의 빵으로 산다는 것을 아시기 때문이다. 이 생명의 빵은 하느님만이 주실 수 있고, 오늘날 우리에게도 특히 성체성사를 통해 선사해 주신다. 성체성사는 종말 때까지 다함이 없이 지속될 참되고 영원한 빵의 기적이다.

둘째 유혹에서 악마는 예수님을 성전 꼭대기에 세우고 밑으로 뛰어내리라고 말한다. 당신이 하느님의 아들인지 증명하라는 것이다. 악마는 예수님께 인정과 명예에 대한 인간의 근본적 욕망을 말하면서 사람들 앞에 화려하고 힘 있는 모습으로 나타나도록 그분을 유혹한다. 그렇지만 예수님은 오직 천상의 아버지 하느님만이 주실 수 있는 명예를 순수한 마음으로 기다릴 수 있음을 증명하시며, 악마의 부당한 요구에 성경 말씀으로 대답하신다. "주 너의 하느님을 시험하지 마라."(마태 4,7) 예수님은 사람들에게 힘 있는 자로 나타나는 것을 거부하신다. 그분께는 사람들의 박수갈채가 아무것도 아니며, 하느님의 명예만이 중요하기 때문이다. 그래서 예수님은 하느님을 시험하지 않으셨다. 그분은 성전 꼭대기에서 밑으로 뛰어내리는 대신, 십자가 위에서 죽음의 심연으로 '뛰어내리셨다.' 이는 하느님에게서 비롯된, 우리 인간을 향한 사랑의 행위였다.

셋째 유혹에서 악마는 예수님을 매우 높은 산으로 데리고 가서 세상의 모든 나라와 그 영광을 보여주며, 자신에게 엎드려 절하면 이 모든 것을 주겠다고 말한다. 악마는 예수님께 성장과 자유에 대한 인간의 근본적 욕망, 곧 권력에 대한 욕망을 이야기하면서, 순명하며 하느님의 나라가 오기를 고대하는 대신에 자신의 왕국을 통치하기 위해 세상의 모든 권력을 손에 넣으라고 부추긴다. 그러나 예수님은 이 세상의 나라들을 다스리기 위해 권력을 쥐는 것을 거부하신다. 그분은 이 세상에서 하느님의 무력함을 보여주신다. 물론 하느님의 무력함은 세상에서 가장 위대한 힘 곧 사랑의 힘이라는 사실이 증명될 것이다. 예수님은 하느님의 높으심과 그분께 합당한 경배를 드려야 함을 선언하시며, 다시 성경 말씀으로 악마에게 대답하신다. "주 너의 하느님께 경배하고 그분만을 섬겨라."(마태 4,10) 그분은 하느님이 커지실 때 인간은 작아지는 게 아니라 하느님의 위대하심을 나누어 받는다는 것을 아시기 때문이다.

하나의 근본적 유혹은 하느님의 우위성을 부인하는 것

예수님이 광야에서 받으신 세 가지 유혹을 주목할 때 분명해지는 점이 있다. 그분은 인간 삶의 드라마 속으로 들어오셨고, 우리 모두가 빠진 유혹을 똑같이 받으셨다는 것이다. 이 유혹들 이면에는 진지하게 다뤄져야 하는 인간의 근본적 욕망, 곧 소유와 명예와 권력에 대한 욕망이 숨어있다. 이 근본적 욕망을 통제하지 못하고 좇아가면 유혹에 빠지게 된다. 소유와 명예와 권력에 대한 갈망은 인간을 규정짓는 가장 원초적인 충동에 속한다.

그렇지만 이것으로는 충분하지 않다. 성경이 보도하는 유혹 이야기에서 관건은 예수님이 몸소 우리처럼 근본적 유혹들을 겪으셨다는 것만이 아니다. 하느님의 영께서 예수님을 그 어느 곳이 아닌 바로 광야로, 악마로부터 유혹을 받는 광야로 인도하셨다는 것을 깨달을 때에야, 이 유혹 이야기의 더 심오한 의미가 밝혀진다. 악마가 예수님을 유혹할 때, 먼저 "당신이 하느님의 아들이라면"(마태 4,3)이라고 말하는 것은 시사하는 바가 크다. 이 말은 훗날 예수님이 달리신 십자가 아래서 그분을 조롱한 자들이 한 말을 연상시킨다. "네가 하느님의 아들이라면 십자가에서 내려와 보시지."(마태 27,40) 이는 분명 예수님을 경멸하는 말이자 그분께 요구하는 의미도 내포하고 있다. 자신이 하느님의 아들이라고 했으니 그것을 믿을 수 있도록 증명해 보이라는 것이다. 이렇게 증명을 요구하는 것 안에, 신약성경이 전하는 세 가지 유혹 이면에 있는 진정한 유혹이 숨어 있다. 예수님은 인간으로서 시험에 부쳐져, 이러한 잘못된 것에 맞서셔야 했다.

이를 통해 삶에서 자신의 욕구를 결정적 요소로 여기고, 진정으로 중요한 것에 삶의 토대를 두려 하지 않는 근본적 유혹이 드러난다. 이와 관련해 베네딕토 16세 교황이 정확히 지적했다. "모든 유혹의 핵심은 하느님을 옆으로 밀어놓는 것이다. 그분은 우리 삶에서 특히 급박한 것들에 밀려나 둘째 자리에 계시는 것처럼 보인다. 자기 자신, 순간의 욕구와 욕망을 하느님보다 더 중요하게 여기는 것이 우리를 항상 위협하는 유혹이다. 그렇게 함으로써 우리는 하느님의 신성을 부인하기 때문이다. 그리고 우리는 우리 자신이나 오히려 우리를 위협하는 세력을 우리의 하느님으로 만든다."[10]

이처럼 예수님의 유혹 이야기 안에, 이미 에덴동산에서 뱀이 아담과 하와에게 다가가 '하느님처럼' 될 것이라는 약속으로 접근했던 유혹이(창세 3,5 참조) 되풀이된다는 것을 알 수 있다. 그러나 광야에서 예수님은 인간 삶에서 중요한 것이 무엇인지를, 그리고 결정적인 것은 하느님의 절대적 우위성임을 보여주셨다. 예수님은 인간의 근본적 유혹을 이겨내셨고 당신의 삶과 사명 전체에서 하느님의 우위성을 확고히 하셨다. 그분은 광야에서 유혹자를 자신의 힘으로 물리치지 않으시고, 하느님의 말씀을 전적으로 신뢰하고 그 말씀에 의지함으로써 물리치셨다. 여기서 예수님이 유혹을 받으실 때마다 성경 말씀을, 더 정확히 말하면 구약성경의 신명기에 나오는 말씀을 인용하여 악마에게 대답하신 것의 깊은 의미가 밝혀진다. 신명기는 믿는 이로 하여금 하느님을 향할 것인지 거부할 것인지 근본적 결단을 내리도록 특별히 요구하기 때문이다.

예수님의 생활 방식과 그리스도인의 근본적 태도

예수님은 광야에서 악마에게 유혹을 받으실 때마다 하느님의 우위성을 결론으로 강조하셨다. 이는 그분 삶 전체에서 핵심을 이룬다. 필리피서에 나오는 '그리스도 찬가'에 그분의 삶이 매우 구체적으로 표현되어 있다. 이 '그리스도 찬가'에서 우리는 예수님의 자화상 곧 그분의 삶의 기록을 마주하며, "그리스도 예수님께서 지니셨던 바로 그 마음을 여러분 안에 간직하십시오"(필리 2,5)라고 요청받는다. 따라서 예수 그리스도의 생활 방식에 비추어 그리스도인에게 당연히 기대되는 근본적 태도도 드러나게 된다.

가장 먼저 주목하게 되는 것은, 지상에 사시는 동안 항상 낮은 데로 향하신 예수님의 생활 방식이다. 그분은 종의 모습을 취하시고 자신을 낮추셨으며, 십자가 죽음에 이르기까지 순종하셨다. 이러한 생활 방식에서 예수님에게는 하늘에 계시는 아버지가 모든 것을 규정하시는 분이며,

그분의 온 삶이 아버지의 뜻에 맞추어져 있었다는 것을 알 수 있다. 또한 지상 삶에서 중대한 사건들이 일어날 때마다 예수님께서 밤새워 기도하셨다는 복음서의 기록들처럼, 그분은 친밀하게 그리고 집중적으로 기도하시며 아버지와 깊은 관계를 이루셨다. 그러므로 예수님이 십자가에 달려 돌아가신 것은 어쩔 수 없는 운명이 아니었다. 그분은 아버지께서 주신 사명을 완수하기 위해 십자가를 향해 가신 것이다. 아드님은 아버지의 말씀에 오롯이 귀 기울이며 사셨다. 자신은 오롯이 아버지께 속한다는 것을 아셨기 때문이다. 그분은 아버지의 부르심에 순종하셨고, 모든 일에 아버지께 순종하셨다.

우리가 예수님의 이 생활 방식을 익힐 수 있는 방법은 **순명**이다. 우리는 성찬례에서 이를 가장 온전히 체득할 수 있다. 성찬례는 우리를 위해 예수 그리스도께서 아버지이신 하느님께 순종하며 당신을 바치신 것을 현재화하기 때문이다. 그리스도께서 당신의 몸과 피를 우리에게 양식과 음료로 주시는 빵과 포도주 안에 순명이 의미하는 바가 빛나는 수정처럼 응축되어 있다. 곧 자신을 내주는 것이다. 우리는 서로에게 자신을 내어주는 가운데 스스로를 인간으로 인식하게 된다. 성찬례 때 우리는 십자가 죽음에 이르기까지 예수 그리스도께서 당신 자신을 내어주심을 기념하고 또한 동참함으로써, 하느님과 일치를 이루고 그분의 뜻에 순종할 준비를 한다. 이것이 순명의 내적 핵심이며, 가장 깊은 차원에서 하느님의 뜻을 따르는 것이기에 믿음을 근본적으로 실천하는 것이다. 순명은 사실 "그리스도의 말씀을 듣는 데서 오는 믿음"[11]이다.

예수님의 삶에서 드러나듯이 순명은 가난 없이는 불가능하다. 예수님은 아버지께서 주신 사명을 수행하시면서 이곳저곳을 떠도는 유랑 설교자가 되셨다. 당신 자신을 두고서는 이렇게 말씀하셨다. "여우들도 굴이 있고 하늘의 새들도 보금자리가 있지만, 사람의 아들은 머리를 기댈 곳조차 없다."(마태 8,20) 예수님의 가난은 요르단강에서 세례를 받으실 때, 곧 죄인들의 세례를 받으며 죄인들의 대열에 들어가셨을 때 이미 드러났다. 이렇게 예수님은 메시아적 사명 수행에서 가난을 택하시어 하느님께 자신을 열어놓기로 결정하셨고, 그렇기 때문에 그분의 가난은 십자가에서 가장 심오하게 표현되었다. 예수님의 삶에서 드러난 이러한 근본적 태도를 바오로는 다음과 같이 기술했다. "그분께서는 부유하시면서도 여러분을 위하여 가난하게 되시어, 여러분이 그 가난으로 부유하게 되도록 하셨습니다."(2코린 8,9)

예수님은 제자들도 당신처럼 가난하게 살도록 이끄셨다. 더 정확히 말하면, 제자들에게서 세상적인 불안과 걱정을 가져가시고 신뢰를 가르쳐 주셨다. "너희는 '무엇을 먹을까?', '무엇을 마실까?', '무엇을 차려입을까?' 하며 걱정하지 마라. 이런 것들은 모두 다른 민족들이 애써 찾는 것이다. 하늘의 너희 아버지께서는 이 모든 것이 너희에게 필요함을 아신다. 너희는 먼저 하느님의 나라와 그분의 의로움을 찾아라. 그러면 이 모든 것도 곁들여 받게 될 것이다."(마태 6,31-33) 하느님을 온전히 신뢰하는 사람만이 실제로 가난해지고 또 가난할 수 있다. 또한 가난할 때에만 그와 하느님 사이에 더 이상 그 어떤 것도 존재하지 않는다. 그러한 가난은 우리가 삶을 마칠 때를 위한 최선의 준비이기도 하다. 죽을 때 우리는 모든 것을 놓아버린다. 이때에는 하느님 외에는, 그리고 그분과 그분의 약속에 대한 우리의 신뢰 외에는 아무것도 존재하지 않는다.

순명과 가난은 **정결**과 독신생활•을 통해서 가장 분명하고 구체적으로 표현된다. 이는 예수님의 생활 방식이기도 했다. 물론 그분께 독신은 어떤 대상과 관계 맺지 않음을 의미하는 것이 아니라, 오히려 그분과 아버지의 내적 관계를 외적으로 표현한 것이었다. 예수님은 아버지를 "아빠abba"라고 내밀하고도 친근하게 부르셨다. 그분과 아버지의 이러한 깊은 관계는 그분이 사람들과 맺은 관계의 근원이기도 하다. 예수님은 당신과 아버지의 관계를 제자들과 공유하려 하셨기 때문이다. 따라서 그분과 아버지, 그분과 사람들과의 관계는 결코 경쟁 관계가 아니었다. 오히려 예수님은 아버지와의 관계를 통해서 사람들과도 열린 마음으로 관계를 맺으셨다.

오늘날에도 독신생활은 당사자가 하느님과 이루어 가는 생생한 관계 안에서만 가능하며, 그렇기 때문에 신앙 공동

• 여기서 말하는 독신은 단순히 비혼非婚을 뜻하는 것이 아니라 '하느님 나라를 위한 동정'을 말한다 – 옮긴이.

체 안에서 우정을 맺는 가운데 가능한 것이다. 여기에 교회가 베네딕토와 스콜라스티카, 아시시의 프란치스코와 클라라, 아빌라의 데레사와 십자가의 요한, 빈첸시오 드 폴과 루이즈 드 마리약, 프란치스코 드 살(프란치스코 살레시오)과 요안나 프란치스카 드 샹탈 같은 성인들이 맺은 숭고한 우정을 늘 기억하는 이유가 있다. 독신생활에서 결국 중요한 것은 하느님의 사랑으로 살아가고 그 사랑을 증언하는 것, 그리고 이 노선에서 사람들에게 사랑하는 법을 가르치는 것이다. 그들을 소유하려 하지 않고 붙잡아 두지 않으며 자유롭게 하면서 말이다.

주님의 기도는 유혹과 대비된다

예수님의 생활 방식을 관찰하면서 우리는 그분이 인간의 근본적 유혹들을 이겨내셨음을 알게 된다. 그분은 더할 나위 없이 자유롭게 그 유혹들을 물리치셨다. 더 정확히 말하면, 예수님은 자유로이 권력을 포기하셨고, 자유로이 이 세상에서 일어나는 일들에 대응하셨으며, 자유로이 기다릴 수 있으셨다. 이는 그리스도인이 지녀야 할 세 가지 기본적이고 결정적인 태도로, 지배하고 소유하고 즐기기를 바라는 오늘날의 세상에서 절실히 필요하다. 이 세상에서 예수님의 복음적 권고는 인간의 근본적 유혹과 대비되는 것으로 비친다. 이런 까닭에 세 가지 복음적 권고를 복음적 자유라고도 표현할 수 있다. 다시 말해 순명은 권력에 매여있지 않고 자유로운 것이고, 가난은 소유에 매여있지 않고 자유로운 것이며, 정결은 현세적 쾌락이나 애착에서 자유로운 것이다. 이는 준수해야 할 규범과 법이 아니라, 세례받은 이들에게 가장 좋은 친구가 되어주는 분의 권고다. 우리는 우정으로 이를 따른다.

예수님께서 이를 얼마나 마음에 두고 계시며, 세례받은 모든 이에게 그것을 얼마나 간절히 요청하시는지는, 그분도 몸소 겪으셨고 우리가 끊임없이 직면하는 세 가지 근본적 유혹을 극복하는 것을 당신의 기도에서 주요 관심사로 삼으셨다는 것에서도 드러난다. 이는 '주님의 기도'의 처음 세 가지 청원에 표현되어 있다. 첫째, 예수님은 아버지의 이름이 거룩히 빛나시기를, 그리하여 '큰 명성'을 얻으려는 명예와 위신에 대한 유혹이 무력해지도록 기도하라고 우리에게 말씀하신다. 둘째, 예수님은 아버지의 나라가 오시기를, 그리하여 권력과 지배에 대한 유혹이 사라지도록 기도하라고 우리를 초대하신다. 셋째, 예수님은 아버지의 뜻이 이루어지기를, 그리하여 소유와 이기주의에 대한 유혹이 멈추도록 기도하라고 우리를 독려하신다.

주님의 기도는, 세례받은 모든 이가 유혹을 물리치고 예수님의 복음적 권고를 자신의 삶에서 실천하기 위해 하느님의 도우심을 청하도록 초대받았음을 보여준다. 나아가 주님의 기도는, 그리스도인이 바치는 기도가 근본적으로 우리의 삶과 소망과 지향을 세상을 향한 하느님의 궁극적 뜻에, 그분의 보편적 구원 의지에 두는 것임을 보여준다. 그러므로 주님의 기도는 우리의 인간적 욕구와 갈망에서 시작하는 것이 아니라, 하느님에 관한 기본적인 청원으로 먼저 시작한다. 곧 그분의 이름이 거룩히 빛나시고, 그분의 나라가 오시고, 그분의 뜻이 이루어지도록 먼저 기도하는 것이다.

한편 주님의 기도는 우리에게 먼저 하느님을 위하여 일하고 자신의 삶에서 하느님이 절대적 우위에 계심을 인정하라고 요청하지만, 결코 우리 자신의 소망과 계획을 잊으라고 요구하지는 않는다. 오히려 주님의 기도에는 하느님에 관한 세 가지 청원에 이어 우리 인간을 위한 기본적 청원이 나온다. 곧 오늘 일용할 양식을 주시기를, 우리 죄를 용서해 주시기를, 우리가 끊임없이 받는 유혹에서 지켜주시기를, 우리를 늘 위협하는 악에서 구해주시기를 간구한다. 주님의 기도는, 우리가 살면서 어려움을 겪더라도 하느님과 그분의 뜻을 찾고 우리의 필요와 욕구를 하느님의 시각으로 바라보라고 요청한다. 따라서 주님의 기도에 나오는 청원들이 두 가지 유형인 것과 십계명에 나오는 계명들이 두 가지 유형인 것을 비교해 볼 수 있다. "주요 계명이 하느님 사랑과 이웃 사랑, 이렇게 두 가지로 구분되어 전개된 것은 사랑의 길로 들어가라고 가르치는 것이다."[12]

주님의 기도는 그리스도인들이 바치는 기본적 기도이며, 말하자면 복음적 권고를 따르는 교회의 기도다. 초세기 신학자 테르툴리아누스가 탁월하게 말했듯이, 주님의 기도는 "복음 전체를 요약한 것breviarium totius evangelii"[13]이다. 따라서 그리스도인이 된다는 것은 평생 주님의 기도를 배운다는 것을 의미한다. 주님의 기도를 배운다는 것은 우리의 인간적 욕망을 신앙에 기반한 태도로 다스림으로써, 그 욕망이 유혹으로 이어지지 않고 회개의 기회가 되게 한다는 뜻이다. 예수님의 삶에서 광야가 유혹의 장소이고 그분 사명에 크게 위협이 된 장소일 뿐만 아니라 동시에 하느님이 특별히 가까이 계심을 느끼는 장소였듯이 말이다. 이는 사순 시기가 그리스도인들에게 던지는 초대이자 요구다. 우리가 유혹의 광야로 보내진 것은 우리 삶에서 하느님이 절대적 우위에 계심을 다시 새롭게 발견하고, 하느님이 베푸시는 돌보심의 은총과 가까이 계심을 체험하기 위해서이다.

4

주님 수난 성지 주일

삶의 갈림길

성주간의 서곡

숲길을 걷거나 산책을 하다 보면 갑자기 갈림길이 나타날 때가 있다. 길이 갈라지는 이 지점에서 우리는 어느 방향으로 갈지 결정해야 한다. 이때에는 지도를 보고 참고하는 것이 바람직하다. 어느 방향을 택하느냐가 결정적일 수 있기 때문이다. 인간 삶의 여정에도 늘 그런 갈림길이 있다. 이 갈림길에서 삶은 전환점을 맞이하고, 우리는 중요한 결정에 직면하게 된다.

그리스도인은 주님 수난 성지 주일에 그러한 중요한 갈

림길에 선다. 이날은 교회 전례력에서 가장 중요한 주간인 성주간의 서곡과도 같다. 성주간에 우리는 예수님의 수난과 죽음과 부활이라는 드라마에 참여하며, 전례를 통해 이를 다시 체험한다.

'주님 수난 성지 주일'이라는 공식 명칭은 이날 거행되는 전례를 통해 상이한 두 측면이 연결되어 있음을 명확히 한다. 첫째 측면으로, 구약성경(이사야서)에서 발췌한 '주님의 종'의 셋째 노래와 신약성경(필리피서)에서 발췌한 '십자가 죽음에 이르기까지' 순종하신 예수님의 고난에 관한 독서 말씀 그리고 복음으로 봉독되는 예수 그리스도의 수난기는 그분의 수난에 큰 강조점을 둔다. 이러한 특성은 초기 로마 전례에서 이미 나타났다.

반면에 둘째 측면, 곧 종려나무 가지를 손에 들고 행렬하는 의식은 4세기 말 예루살렘에서 시작된 것으로, 주님의 예루살렘 입성을 기념하기 위해 거행되었다. 예수님이 예루살렘에 들어오실 때, 사람들이 환호하며 그분을 맞아들였던 것을 기념하는 행렬이다.

두 측면 사이에는 근본적인 긴장(환호와 수난의 공존)이 존재하며, 이러한 긴장이 주님 수난 성지 주일(이하 성지 주일) 전례를 하나로 연결한다. 이러한 연관성은 신자들이 시작 행렬 때 손에 들었던 종려나무 가지를 이듬해 재의 수요일 전례를 앞두고 태워 참회와 회개의 표지인 재로 사용한다는 것에서도 드러난다. 이렇게 성지 주일은 사순 시기의 시작을 다시 한번 돌아보게 하며, 성주간의 서곡에는 이미 전례력 전체의 정점을 이루는 파스카 성삼일의 가장 중요한 요소들이 내포되어 있다. 그 요소들은 신자들이 성지 주일과 성주간 전례에 관객으로 머물지 않고 참여자가 되어야 한다는 것을 일깨워 준다. 그러기 위해서는 시선을 먼저 예수님께 두어야 한다. 성지 주일은 예수님의 삶에서 특히 중요한 갈림길이었기 때문이다.

예수님의 지상 운명의 갈림길

예수님은 예루살렘에 입성하시어 성전을 정화하신다. 성전 정화는 성전의 파괴를 상징적으로 나타내는 것이고, 결국 그분의 죽음을 초래하게 될 것이다. 그러므로 예수님은 중대한 결정에 직면해 있었다. 사람들의 구원을 위해 아버지께서 주신 사명을 충실히 실행할 것인지, 아니면 자신의 삶을 전환하여 더 이상 사람들의 구원이 아니라 자신의 위대함을 추구할 것인지 결정을 내리셔야 했다.

성지 주일은 예수님이 결정하신 것, 곧 단호하고 일관된 방식으로 하느님의 구원 사업을 성실히 수행하시는 모습에 우리를 주목하게 한다. 그분의 겸손과 자기 낮춤의 길은 나귀를 타고 예루살렘에 입성하시는 장면에서 선명하게 드러난다. 예수님이 말이 아닌 나귀를 타고 예루살렘으로 들어가시는 모습은 우리에게 생각할 여지를 준다. 말과 달리 나귀는, 분쟁 지역이나 전쟁터로 나가는 데 적합한 동물이 아니라는 것이 명백하다. 그렇기 때문에 나귀를 타고 오시는 분은 온전히 평화적인 의도를 품고서 "즈카르야서 9장 9절에 따르면 무장하지 않으신 겸손한 메시아로, 즈카르야서 14장 9절에 따르면 하느님의 통치를 선포하시는 분"[14]으로, 따라서 평화의 왕으로 오신다는 것을 분명히 알 수 있다. 또한 나귀는 평화에 대한 확고한 의지의 표지일 뿐만 아니라, 일반적으로 가난한 이들이 타고 다니거나 짐을 나르는 짐승이다. 예수님이 나귀를 타고, 게다가 아직 아무도 탄 적이 없는 어린 나귀를 타고 예루살렘에 입성하시는 모습에서 드러나는 점이 있다. 그분은 권력자들과 부자들과 통치자들의 지지자가 아니라 가난한 이들의 친구시라는 것, 그리고 그분 삶의 원칙은 권력과 승리가 아닌 무력함과 가난과 낮아짐을 토대로 세워졌다는 것이다. 예수님은 인간이 겪는 무력함과 고통과 죽음, 그 낮은 곳으로 내려가는 길 외에 다른 길은 알지 못하신다. 예수님은 이 길을 택하신다. 그 길이 하느님이 우리와 함께하시는 영원한 길이기 때문이다. 하느님의 마음 안에서, 우리의 구원은 압도적인 전능함이 아니라 함께 고통당하는 무력함 속에서 이루어지기 때문이다.

복음서가 예수님의 예루살렘 입성 장면을 묘사하면서 우리에게 전하고자 하는 바를, 바오로는 필리피 신자들에게 보낸 서간에서 자기 비움의 신적 움직임으로 압축한다. "그분께서는 하느님의 모습을 지니셨지만 하느님과 같음을 당연한 것으로 여기지 않으시고 오히려 당신 자신을 비우시어 종의 모습을 취하시고 사람들과 같이 되셨습니다. 이렇게 여느 사람처럼 나타나 당신 자신을 낮추시어 죽음에 이르기까지, 십자가 죽음에 이르기까지 순종하셨습니다."(필리 2,6-8) 이 심오한 말씀을 마음 깊이 새긴다면, 교회가 왜 이 '그리스도 찬가'를 성주간 전례의 중심에 두었는지 머리로만 아니라 가슴으로도 공감할 수 있을 것이다. '그리스도 찬가'는 바오로 이전에 나온 작품으로, 그가 자신의 서간에 받아들인 것이다. 이 찬가에는 파스카 신비 전체가, 구원 사건의 신비가 핵심적으로 담겨있다.

우리가 이 '그리스도 찬가'를 깊이 이해하려면, 그것을 구약성경이 보도하는 인간의 타락에 대한 신약성경의 응답으로 인식해야 한다. 인간의 죄, 아담의 죄는 그가 자신을 하느님의 위치로 들어 올리고 하느님처럼 되고자 하는 데서 드러났다. 반면에 예수 그리스도는 새 아담이시다. 그분은 아담이 걸어간 파멸의 길을 반대 방향으로 돌려놓으시고, 역사 전체를 새롭게 펼치신다. 그분은 당신이 하느님과 같으심을 전리품처럼 움켜쥐며 고수하지 않으시고, 오히려 십자가에 못 박히시기까지 당신 자신을 철저히 낮추신다. 십자가는 그분의 절대적 순명을 보여준다. 그러나 예수님은 아담과 전혀 다르게 실제로 하느님과 같으신 분이다. 그렇다, 그분은 실제로 하느님이시기에 진정 하느님처럼 행동하신다. 그분은 권력과 전권을 누리는 길이 아니라 사랑과 낮춤의 길을 가신다. 그래야만 "그분은 아담의 거짓에 이르기까지, 죽음에 이르기까지 아래로 내려가실 수 있고, 거기서 진실을 세우시고 생명을 주실 수 있다."[15] 이것이 바로 성주간이 전하는 기쁜 소식이다.

그리스도인 삶의 갈림길

"그리스도 예수님께서 지니셨던 바로 그 마음을 여러분 안에 간직하십시오."(필리 2,5) 바오로는 필리피 신자들에게 보낸 서간에서 이렇게 호소하면서 그리스도인들에게 예수 그리스도의 마음을 자기 안에 품으라고 권고한다. 그래야 성지 주일이 그리스도인의 삶에서도 중요한 갈림길이 될 것이다. 성지 주일은 성주간의 서막으로서 우리를 그 주간의 주인공에게 주목하게 한다. 그분은 바로 그리스도, 사람들의 환호 속에 예루살렘에 입성하시고 성금요일에 고난의 어둔 밤을 보내셨으며, 성토요일에 침묵이 흐르는 무덤 안에 계셨다가 부활 날 새벽에 새롭고 영원한 생명을 얻으신 분이시다. 성금요일의 어둔 밤과 성토요일의 깊은 침묵 없이, 새 생명을 얻는 부활의 새벽은 오지 않는다.

이는 물론 매우 어려운 길이며, 그리스도인들조차 이해하기 힘든 길이다. 이 길은 너무나 인간적인 논리에 어긋나는 듯하다. 인간적으로 우리는 성금요일을 거치지 않고 성토요일을 견뎌내지 않고서 부활을 기리고 싶어 한다. 이는 물론 편안하고 우리가 우선적으로 선택하고 싶은 길이지만, 결국 세상과 동떨어진 길이다. 솔직히 말해보자. 성지 주일에 기꺼이 "호산나"를 노래하지 않을 자가 있을까? 주님 부활 대축일에 더 기꺼이 "알렐루야"를 노래하지 않을 자가 있을까? 그러나 "호산나"와 "알렐루야" 사이에 있는 것, 즉 성금요일에 "그자를 십자가에 못 박으시오!"라는 함성에 놀라 뒤로 물러서지 않을 자가 있을까?

그러나 예수 그리스도는 성지 주일부터 부활 대축일을 향하여, 성금요일의 어두운 골짜기를 지나는 길 외에 다른 길을 가지 않으셨다. 또한 그분은 당신을 따르려는 이들에게도 당신과 함께 이 길을 가도록 요청하신다. 예수 그리스도는 그들이 성대한 전례를 거행하면서 걷는 그 길을 일상에서도 자신의 길로 만들도록, 그리고 무엇보다 그들이 위로 오르려는 욕망을 아래로 내려가신 당신을 바라보며 다스리기를 바라신다.

따라서 성지 주일은 예수님의 지상 운명의 마지막 갈림길을 묘사할 뿐만 아니라, 그리스도인 삶에서도 중요한 분기점이 된다. 그렇기 때문에 성주간은 우리가 오늘날 그리스도인이라는 신원을 어떻게 이해해야 할지, 그리고 무엇보다 어떻게 살아야 할지를 가르쳐 준다. 전례력 전체에서 가장 중요한 성주간에 우리가 그리스도인임을 다시 새롭게 의식한다면, 어느 길로 가야할지를 이 성주간 전례에 참례하면서 알게 될 것이다. 우리가 인간적인, 때로는 너무나 인간적인 길을 계속 갈 것인지, 아니면 성지 주일부터 성금요일과 성토요일을 지나 부활을 향해 가신 예수님의 길을 그분과 함께 갈 것인지 말이다. 성지 주일 행렬은 성주간 전체를 대표하며, 우리가 이를 단지 아름다운 의식이 아니라 "감사하는 마음을 지니고 믿음과 사랑으로 그리스도를 따른다는 것을 공적으로 알리는 의식"[16]으로 거행하도록 초대한다.

성주간에 거행되는 믿음의 행렬

이러한 통찰로도 성주간과 특히 그 서곡인 성지 주일이 우리를 위해 준비해 놓은 가장 중요한 것은 아직 언급되지 않았다. 그것은 우리가 예수 그리스도와 함께 그 길을 가기 전에 이미 위로가 담긴 약속이 우리에게 선사되었다는 사실이다. 그 약속은 그분께서 당신을 따르는 이들이 가는 길을 동행하신다는 것이다. 예부터 성주간 전례에서 볼 수 있던 두 가지 유형의 행렬 의식에서 그 약속이 가시화된다. 하나는 성지 주일에 종려나무 가지를 손에 들고 행렬하는 것으로, 이는 예수님이 거룩한 도성 예루살렘에 장엄하게 입성하신 사건을 재현하며 그분과 함께 걷는 행렬이다. 다른 하나는 예수님이 성목요일에 제자들과 최후의 만찬을 나누시며 성찬례를 제정하신 뒤 올리브산에 가시어 수난의 어둔 밤을 겪으실 때 그분을 동반하는 것, 전례를 통해 그분과 동행하는 것이다.

성목요일에 거행되는 행렬 의식(성체를 모시고 수난 감실로 향하는 행렬)은 예수 그리스도께서 우리의 길을 동행하신다는 약속을 선명히 드러낸다. 그분께서 성체를 통해 우리와 함께하신다는 것이다. 예수 그리스도는 축성된 빵 안에 보이지 않는 모습으로 당신 자신을 우리에게 내어주신다. 성체 안에 현존하시며 신비롭게 우리와 함께하시는 것이다. 이에 비추어 11세기 프랑스의 일부 지역에서는 성지 주일 행렬 때 성체 거동을 같이 거행했다는 것도 이해할 수 있다. 그러한 의식을 통해서 그리스도인들은 성지 주일과 성주간 동안 이천 년 전에 일어났던 사건을 단지 역사적으로 기념하는 게 아니라, 그리스도께서 당신 현존으로서 그분을 따르는 이들을 동반하시고 그들과 함께 걸어가신다는 것을 가시적으로 표현한다.

이러한 두 가지 행렬은, 하느님의 아드님이신 예수 그리스도와 우리의 관계는 신비적으로 이루어지는 내면화뿐만 아니라 겉으로도 볼 수 있게 표현되어야 한다는 것을 상기시킨다. 이 가시적인 표현에는 무릎을 꿇고, 서고, 앉는 동작을 비롯해 무엇보다 신앙 공동체 안에서 하느님과 친교를 이루는 축제 행렬이 포함된다. 행렬 의식은 예수 그리스도께서 죽음에 이르기까지 가신 고난의 길을 함께 걸음으로써 그리스도교 신앙이 구체화되는 체험을 우리에게 선사한다. 또한 사람들 가운데 현존하시는 부활하신 그분의 생명에 참여하게 된다.

여기에 성지 주일이 우리에게 주는 위로가 담긴 약속이 있다. 성지 주일은 예수 그리스도께서 지금 우리가 걷는 길, 특히 개인과 교회 공동체와 사회가 오늘의 십자가를 지고 가는 어두운 길도 함께 걸으신다는 믿음의 확신을 표현하고 확증한다. 그리스도인들은 오늘날 십자가를 진 수많은 사람에게 성주간의 중심에 있는 예수 그리스도의 십자가에 관해 말하도록 사명을 받았다. 오늘날 다양한 위험에 직면한 세상에서 부활의 희망으로 나아가는 새로운 길을 찾기 위해서다.

그리스도인들은 성주간 동안 예수 그리스도의 길을 전례적으로 따라 걸으면서, 그리스도께서 우리가 가는 길에 동행하신다는 믿음을 확고히 하도록 초대받는다. 또한 성주간 전례를 통해 걷는 길을 일상에서도 자신의 길로 만들고 그 길을 굳건히 가라는 요청을 받는다. "그리스도 예수님께서 지니셨던 바로 그 마음을 여러분 안에 간직하십시오."(필리 2,5) 이러한 마음가짐으로써, 성지 주일은 우리 그리스도인의 삶에서도 중요한 갈림길이 되는 것이다.

5

성유 축성 미사

대사제 그리스도의 성사적 약국

교회 역사가 흐르면서 하느님 백성의 신앙 감각은 예수 그리스도의 신비를 더 깊이 인식하고 명확히 고백하기 위해 끊임없이 새로운 표상들을 찾아냈다. 초세기에는 널리 퍼져있었지만 오늘날에는 다소 묻힌 표상은 '의사이신 그리스도'라는 표상이다. '영혼의 의사'이신 예수 그리스도는 '영혼의 약국Seelenapotheke'•인 성경 안에서 사람들을 위로하고 치유하신다. 이러한 이미지는 17세기 초에 이르러 '영혼의 약'을 직접 조제하고 나누어 주시는 '약사이신 그리

• 독일어에서 영적인 위안과 치유를 얻는 장소나 행위를 비유적으로 표현하는 말 - 옮긴이.

스도'라는 표상으로 더욱 발전되었다.• 이 모티브는 '약사' 이신 그리스도께서 당신을 믿는 이들에게 언제든 대가 없이 영혼을 정화하고 죄에서 벗어나도록 '약'을 주시며, '천상의 약사'로서 개개인의 공로를 묻지 않고 몸소 나누어 주신다는 것을 표현한다.[17] 이 표상은 또한 성유 축성 미사의 영적 핵심을 소개하는 데에도 적절하다. 성주간 목요일 오전에 거행되는 성유 축성 미사에서는 로마 전례에 따라 병자 성유와 예비신자 성유를 축복하고 축성 성유를 축성한다. 성유를 이때 축성하게 된 역사적 배경은, 초대 교회에서는 입교 성사가 파스카 성야 미사 중에 거행되었고 이를 위해 축성 성유를 충분히 준비해 두어야 했기 때문이다. 오늘날에도 이 전례적 관습은 모든 성사가 파스카 신비에 그 기원과 근거를 두고 있다는 중요한 상징적 연관성과 결부되어 있다.

• 독일 문화권에서는 그리스도를 '영혼의 약사'로 묘사하는 전통이 있다 - 옮긴이.

참된 기쁨의 기름

성유 축성 미사는 예수 그리스도의 천상 약국과 믿는 이들에게 베풀어지는 은혜를 잘 보여준다. 이는 고대 그리스도교에서부터 '기름'에 해당하는 그리스어 '엘라이온ἔλαιον'과 '자비'를 뜻하는 '엘레오스ἔλεος'를 (발음으로) 연관 지어 생각하는, 대중적이고 아름다운 어원語源적 연결성에서도 드러난다. 세례성사와 견진성사와 병자성사를 비롯해 성품성사 때 사용되는 성유는 특히 우리가 중요하거나 힘든 상황에 직면했을 때 하느님이 베풀어 주시는 무한한 자비의 표지다.

이로써 표징인 기름이 지닌 가장 심오한 의미가 밝혀진다. 시편 45편에는 이렇게 묘사되어 있다. "하느님께서, 당신의 하느님께서 **기쁨의 기름**을 당신 동료들에 앞서 당신에게 부어주셨습니다."(시편 45,8) 교부들은 이 솔로몬의 혼인 시편을 예수 그리스도와 교회의 혼인 시편으로 재해석했다. 그리고 예수 그리스도께 부어진 기쁨의 기름을, 그분을 기름부음받은이로 만드신 성령과 동일시했다. 하느님께서 친히 예수님을 도유하셨기 때문이다. 물론 물질로서의 기름이 아닌, 참된 '기쁨의 기름'으로 도유하신 것이다. 그 이후로 기름은 상징적으로 예수 그리스도를 또한 가리키게 되었으며, 그분 안에서 기름의 표징이 완전히 성취되었다. 그분은 이렇게 기름을 온전히 당신 것으로 만드셨기에, 기름은 '기름부음받은이'• 로서의 그분을 드러내는 표상이 되었다.

그리스도인들도 예수 그리스도에 의해서 기름부음을 받은 자들이라고 말할 수 있으며, 세례를 통해 그들은 기름부음받은 그분 곧 그리스도께 깊이 결합된다. 그리스도는 세례 때 당신을 따르는 이들의 이름을 부르시고, 그들은 평생 지닐 이름을 받는다. 그리스도인들은 세례로써 개인적 이름 외에 공통된 이름도 지닌다. 사도행전에 기록된 바와 같이, 그리스도교가 이방인들에게 전파되기 시작했을 때 이미 예수님의 제자들은 공통된 이름을 지녔다. "안티오키아에서 제자들이 처음으로 '그리스도인'이라고 불

• '그리스도'(그리스어로 크리스토스)는 '기름부음받은이'라는 뜻이다 - 옮긴이.

리게 되었다."(사도 11,26) 이 공통된 이름은 그분의 이름으로 세례를 받은 이들이 그리스도와 분리될 수 없는 관계임을 뜻한다. 이렇듯 그리스도인들은 "예수 그리스도의 이름으로"(사도 2,38) 세례를 받았기 때문에, 세례는 믿는 이들이 자신들의 새로운 주인(주님)이신 예수 그리스도께 넘겨졌음을 의미한다. 따라서 그리스도인이 된다는 것은 그리스도께 속한다는 것, 기름부음받은 그분과 결속된다는 의미이다. 세례로써 '그리스도인'이라는 명칭을 부여받는 것은 거룩한 기름의 표지와 뗄 수 없을 정도로 긴밀히 결부되어 있다.

기름은 다양한 중요성을 입증하는데, 곧 기운을 북돋아 주고, 아름다움을 선사하며, 피부를 부드럽게 한다. 또 음식과 약으로도 쓰인다. 특히 기름은 예수 그리스도의 천상 약국이 철저히 성사적 약국임을 일깨워 준다. 교회에서 거행되는 성사는 그리스도인으로 살아가는 신자들에게 예수 그리스도께서 주시는 약이기 때문이다. 성사들을 집행하는 사제는 이 임무를 위해 기름부음을 받은 이들이다. 거룩한 기름으로 축성된 사제는 신자들이 세례로써 받은 고유한 사제직(보편 사제직)을 수행할 수 있도록 봉사해야 한다. 이런 이유로 주교는 성유 축성 미사를 자기 사제단과 함께 공동으로 집전하며, 사제들은 수품 때의 서약을 갱신한다.

천상의 약사이신 그리스도의 사제직

성사는 교회와 사제의 모든 활동에서 앞에 자리한다. 또한 사제의 모든 사목활동에서 결정적인 것은 예수 그리스도에 의해 교회 안에서 이루어지며, 사제는 예수 그리스도의 천상 약국에서 받은 것만 전달할 수 있다는 것을 분명하게 보여준다. 이는 동시에 교회가 성사적 구조를 지니고 있으며, 교회 자체가 인간을 위한 하느님 구원의 성사라는 것을 상기하게 한다.

교회의 성사성과 사제의 사명을 제대로 이해하려면 예수 그리스도의 사제직에 대해 깊이 생각해 보아야 한다.

특히 히브리서는 예수 그리스도의 사제직은 구약의 사제직을 계승하는 것임과 동시에 이를 심화하고 쇄신하며 완성하는 것이라고 말한다. 예수 그리스도의 사제직은 무엇보다 두 가지 근본적 특성, 곧 신뢰와 자비로 특징지어진다. 사제이신 예수 그리스도는 천상 아버지이신 하느님과의 관계에서 신뢰를 보여주시고, 사람들과의 관계에서는 자비를 보여주신다.

예수 그리스도는 사제이시다. 그분은 하느님과 내적으로 결속되어 계시고 동시에 사람들과도 내적으로 결속되어 계시기 때문이다. 예수님은 지상의 삶에서 무엇보다 '하느님을 위한 사람'이셨고, 오직 그런 의미에서 '타인을 위한 사람'이셨다. "그분은 사람들에게 하느님의 나라가 왔음을 선포하기 위해 파견되셨고, 복음을 전하시면서 피조물과 잃어버린 개개인에 대한 하느님의 사랑도 증명하셨다."[18] 위대한 대사제이신 예수 그리스도의 사명은 사람들에게 다가가는 것뿐만 아니라, 요한복음에서 그분이 직접 말씀하시듯이 무엇보다도 하느님의 영광을 드러내는 것이다. "아버지께서 저에게 하라고 맡기신 일을 완수하여, 저

는 땅에서 아버지를 영광스럽게 하였습니다."(요한 17,4)

사제는 자신의 삶과 활동에 있어 대사제이신 예수 그리스도께 늘 새롭게 향해야 한다. 성공회에서 가톨릭으로 개종했고 '근대 교부'로 불리며 성인품에 오른 존 헨리 뉴먼 추기경이 이에 관하여 정확히 표현했다. "사제는 다름 아닌 바로 그분(그리스도)의 사제직을 수행해야 한다. … 사제가 행하는 것은 그분이 행하시는 것이다. 사제가 사람들에게 세례를 준다면, 그분이 세례를 베푸시는 것이다. 사제가 교우들을 강복한다면, 그분이 강복하시는 것이다."[19] 그렇기 때문에 사제가 활동하는 것은 예수 그리스도께서 교회 안에서 활동하시는 것이다. 사제는 그분께 기준을 두면서 사람들에게 신뢰와 자비를 보여주어야 한다.

사제의 사명은 서품식에서 행해지는 안수의 표지를 통해 명확히 표현되며, 이는 사제로 기름부음받은이에게 부과된 책임이 막중함을 보여준다. 안수를 통해서 예수 그리스도는 사제 후보자에게 이렇게 말씀하시는 것이다. "그대는 나의 사제직을 수행하시오." 성화를 위해 애쓰며 그리스도께서 자기를 통해 활동하시도록 의식하며 사는 사제는, 그분과 그분의 활동을 위해 자신을 내놓으라는 요청에 따라 가난해질 때 자신이 성화된다는 것도 의식할 것이다. 이는 사제가 자신의 삶에서 실천하는 수행修行이자, 그가 하느님 백성과 맺는 유대의 가장 견고한 토대이기도 하다. 이로써 축성 행위의 중심에 있는 안수의 더 근본적인 측면도 드러난다. 안수는 의무와 책임을 부과하는 것에 그치는 것이 아니라, 무엇보다 선물이다. 다시 말해 그리스도께서 기름부으신 이에게 하신 약속, 곧 당신의 벗인 그를 사랑으로 보호하고 지켜주신다는 약속이다.

기도, 치유, 복음 선포

성사적 표지인 안수를 통해 사제의 가장 심오한 소명이 드러나는데, 이는 역설적으로만 설명할 수 있다. 곧 사제는 자신을 중요하게 여기지 않아야 참으로 중요한 존재가 될 수 있다는 것이다. "그(사제)는 참된 중개자이신 주님을 위하여, 영원한 사랑 안으로 직접 들어가신 그분을 위하여 이 세상의 문을 여는 사람이기 때문이다."[20] 그렇기에 사제는 예수 그리스도를 따르기 위해 특별한 부르심을 받은 사람이며, 모든 그리스도인도 세례를 통해서 보편 사제직을 수행하도록 부르심을 받았다. 도유된 사제의 특별한 사명은 (마치 예수님이 예루살렘에 입성하실 때 수많은 군중이 겉옷을 벗어 길에 깔았듯이) 사제로서 자신의 삶을 펼쳐놓음으로써 그리스도께서 오시는 길이 되는 것이다. 곧 자신의 삶이, 그분이 우리에게 오시고 우리 곁에 머무시며 당신의 사명을 오늘날에도 수행하실 수 있는 길이 되도록 하는 것이다.

예수님의 사명은 포괄적인 것으로, 그분이 나자렛 회당에 들어가 선포하신 복음이 이를 잘 보여준다.(루카 4,16-21 참조) 예수님은 이 사명을 제자들에게 위임하셨고, 오늘날에도 사제들에게 이를 요청하신다. 그분이 제자들에게 주신 세 가지 지침은 기도하고 치유하고 복음을 선포하는 것이다. 마지막에 언급된 차원은 사제에게 자명한 것으로, 사제는 무엇보다도 예수 그리스도의 복음을 증거하는 자다. 제2차 바티칸공의회가 상기시킨 바와 같이, 사제는 무엇보다도 복음 선포자다.

그러나 예수 그리스도를 개인적으로 알고 그분과 함께 살아가며 기도 안에서 그분과 우정을 쌓는 사람만이 그분의 복음을 선포할 수 있다. 그렇기 때문에 사제는 예수님처럼 기도하는 사람이어야 한다. 참된 대사제이신 예수님에 관해 히브리서는, 그분이 "당신을 죽음에서 구하실 수 있는 분께 큰 소리로 부르짖고 눈물을 흘리며 기도와 탄원을 올리셨"(히브 5,7)다고 말한다. 이 말씀은 예수님이 올리브산에서 두려움의 시간을 보내셨음을 암시하는 것만이 아니라, 고통받는 인류의 절규를 하느님께 올려드린 예수님의 삶 전체를 요약해 놓은 것이기도 하다. 히브리서는 여기에서 예수 그리스도의 참된 사제직을 주목하게 한다. 사제가 오늘날 세상과 교회가 겪는 고통을 하느님께 가져간다면, 그 역시 그리스도의 참된 사제직에 참여하는 것이다. 베네딕토 16세 교황이 사제들에게 이렇게 요청하듯이 말이다. "우리 사제들은 어떤 이상향으로 물러나 있을 수 없습니다. 오히려 우리는 이 세상의 고통 속으로 들어가, 그리스도께 도움을 청하고 그분과 친교를 이루는 가운데 세상을 변화시키기 위해서, 세상을 하느님께로 인도하기 위해서 힘써야 합니다."[21]

이 문장으로 예수님이 제자들에게 맡기신 **치유**하는 사명이 언급되었다. 예수님은 제자들을 파견하시면서 마귀 들린 이들을 악의 세력에서 해방시키고 병자들을 고쳐주라고 명확한 지침을 주셨다. 그리스어 '테라퓨에인 Θεραπεύειν'은 원래 '하느님을 흠숭하다'를 의미하는 동사인데, 나중에는 '치유하다, 고쳐주다'로 그 뜻이 확대되었다. 이런 맥락에서 예수님의 제자들이 그 어떤 치유 행위가 아니라 '하느님 테라피Gottestherapie'를 하도록 위임받았다면,[22] 사제가 성사를 집전하는 일도 치유 행위에 속한다. 사제는 대사제이신 그리스도의 약국에서 성사라는 약을 나누어 받을 수 있다. 예를 들어 고해성사 때 사제의 화해 직무는 일종의 놀라운 치유 행위다. 우리가 실제로 몸과 영혼이 다시 건강해지기를 바란다면 치유가 필요하다. 또한 세례성사와 병자성사를 비롯해 다른 성사들도 인간이 치유되는 데 기여한다.

무엇보다 치유하는 사명이 본질적으로 사제의 활동에

속한다는 것을 한 사제가 보여주었다. 특히 성유 축성 미사와 관련하여 그를 기억해 보는 것이 좋겠다. 프랑스의 저명한 신학자 마르크 오레종Marc Oraison은 원래 의사였다가 나중에 사제가 되었는데, 자서전에서 그 여정을 밝힌다. 의사였던 그는 환자들의 병과 죽음에 맞서 싸우며 상당한 성공을 거두기도 했지만, 의술의 한계도 점점 더 분명히 의식하게 되었다. 근본적으로 물리칠 수 없는 죽음과 의료적 한계를 마주하며 그의 내면에서는 죽음 앞에서 부활이 현재화되어야 한다는 갈망, 다시 말해 거룩한 미사를 올려야 한다는 갈망이 점점 더 강하게 솟구쳤다. 사제가 된다는 것은 마르크 오레종에게 자신이 원래 의사로서 원했던 것을 포기하는 걸 의미하지 않았다. 곧 사람들에게 죽음에 대해 받아들일 만하고 구원적인 답을 줄 수 있음을 포기하는 게 아니었다. 그는 이 답을 예수 그리스도의 부활에 대한 믿음에서 찾았다. 우리는 세례를 통해서 이 부활에 참여하는 몫을 나누어 받았고, 성찬례 때마다 이를 기념한다.

성찬례,
천상 약국의 중심

성찬례는 예수 그리스도의 천상 약국에서 중심을 이룬다. 그리스도를 약사로 묘사하는 많은 성화에서 약을 조제하는 탁자 중앙에 잔과 밀떡이 놓여있는 것은 우연이 아니다. 성체는 그리스도께서 당신 교회를 위하여 주시는 약이다. 초세기 그리스도인들이 즐겨 말했듯이, 성체는 '불사의 명약pharmakon athanasias'이다. 성찬례 안에서 예수 그리스도의 사제직은 그 충만함과 깊이를 온전히 그리고 효과적으로 드러낸다. 성찬례는 교회의 심장이고, 따라서 사제직의 중심이기도 하다. 예수 그리스도의 천상 약국에서 그리고 교회의 삶에서 성찬례가 차지하는 중심적 위치를 고려할 때, 교회의 핵심은 성찬례(에우카리스티아Eucharistia)임을 알 수 있다. 성찬례는 존재 자체에 대한 감사(에우카리스티아Eucharistia)다. 인류 전체, 피조물 전체를 대표하여 교회는 성찬례 때 하느님을 찬미하고 그분께 감사를 드린다.

성유 축성 미사는, 그리스어 '에클레시아ἐκκλησία'가 교회라는 의미뿐만 아니라 의식을 거행하는 집회(모임)도 의미한다는 것을 특별히 상기시킨다. 교회는 교우들이 성찬례를 위해 모인 곳에서 늘 새롭게 태어난다. 그러므로 성체를 받아 모시는 것을 '친교Kommunion'라고 표현하는 것은 더 심오한 의미를 지닌다. 교회가 존재하는 이유는 대사제이신 예수 그리스도께서 신자들과 친교를 이루시고 그들도 서로 친교를 이루도록 인도하시기 때문이다. 그렇기에 성찬례의 친교는 신자들이 십자가에 못 박혀 돌아가시고 부활하신 그리스도께 개인적으로 동참하는 친교일 뿐만 아니라, 신자들이 그리스도 안에서 이루는 교회적 친교이기도 하다. 성찬례 때 받아 모시는 '그리스도의 몸'과 교회 공동체로서의 '그리스도의 몸'은 유일하면서도 풀릴 수 없는 성사를 이룬다. 아우구스티노 성인이 강조하듯이, 성체는 "일치의 표지이자 사랑의 끈이다."[23]

이런 의미에서 성찬례는 전적으로 친교의 성사다. 그런데 친교는 하느님과의 관계를 바탕으로 할 때에만 유지될 수 있다. 궁극적으로 유일하게 지속되는 친교는 세례받은 이가 하느님과 맺는 인격적 관계이기 때문이다. 신앙인이 하느님과 맺는 친밀한 관계 안에서만 서로간의 친교도 싹트고 유지될 수 있다. 세례받은 이들이 미사 안에서 하느님 앞에 설 때, 더 정확히 말하면 하느님과 관계를 맺을 때에야 일상에서도 서로 새롭게 관계를 맺을 수 있다. 일반적으로 교회의 목표, 특히 성찬례의 목표는 삼위일체 하느님과 친교를 이루는 것이다. 그 중개자는 대사제이시자 약사이신 예수 그리스도시다.

성찬례는 위대한 '신앙의 신비'다. 이 '신앙의 신비'는 우리가 그리스도인으로서 굳건한 믿음으로 신앙고백을 하도록 초대한다. "주님께서 오실 때까지 주님의 죽음을 전하며 부활을 선포하나이다."

예수 그리스도의 부활과 그분의 재림 사이에 있는 시기에 우리는 그분의 성사적 약국을 이용할 수 있다. 성유 축성 미사는 세례받은 이들이 성사적 삶을 살도록 초대하며, 사제들은 성유 축성 미사 중에 사제 서약 갱신 예식을 행한다. 성목요일 저녁에 주님 만찬 미사와 함께 시작되는 성삼일 전례를 준비하기 위해서다. 따라서 성유 축성 미사는 대사제이시자 우리 삶과 믿음을 위한 약사이신 예수 그리스도께 큰 감사를 드리는 중요한 계기가 된다.

6

주님 만찬 성목요일

예수님의 최후 만찬이 지닌 깊은 의미

"바로 오늘"

주님 만찬 미사와 함께 교회는 주님의 수난과 죽음, 무덤의 고요함과 부활을 기리는 파스카 성삼일 전례를 시작한다. 그리스도인들은 전례주년에서 가장 중요한 이 파스카 성삼일 전례에 진지하고 경건하게 참례하도록 초대받았다. 성목요일에 거행되는 주님 만찬 미사의 감사기도에 특별히 추가된 짧은 문구는 우리에게 큰 자극을 준다.[24]

"예수님께서는 저희와 모든 이의 구원을 위하여 수난 전날 **바로 오늘** 저녁에 거룩하신 손에 빵을 드시고…" 처음에 들을 때는 바로 귀에 들어오지 않지만, "바로 오늘"이라는 삽입 문구는 매우 중요한 것을 담고 있다. 이 짧은 문구는 우리가 단지 과거의 사건을 기리는 것이 아니라 지금 이 사건을 기념한다는 것을 암시한다. 이 문구에 담긴 의미는, 예수님이 최후의 만찬 때 이루신 것은 지속적으로 중요한 의미를 지니기에 결코 단순히 지나간 것일 수 없으며, 영원히 현재가 되었다는 것이다.

성찬례에 참례할 때마다 우리는 말하자면 예루살렘의 이층 방(최후 만찬 장소)에 있는 것이다. 예수님은 수난하시고 돌아가시기 전에 거기서 제자들과 고별 만찬을 하시며, 성찬례를 우리에게 유산으로 남겨주셨다. 그리하여 성찬례 때 당신이 빵과 포도주의 형상으로 늘 현존하신다는 것을 우리에게 선물로 주신 것이다. 만찬 장소에서 일어난 사건은 또한 성찬례 때 특별한 방식으로 현재가 되므로, 우리는 기쁘게 "바로 오늘"이라고 고백할 수 있다. 그렇게 함으로써 우리는 주님 만찬 미사를 그 요구에 합당하게 거행할 수 있으며, "너희는 나를 기억하여 이를 행하여라"(루카 22,19)고 예수님이 우리에게 남겨주신 사명을 수행하게 된다.

"바로 오늘"이라는 표현을 이해하기 위해 특별히 '기억'이라는 단어를 생각해 볼 필요가 있다. 이 단어는 우리가 보통 쓰는 말과 뚜렷이 구분된다. 일상에서 '기억'은 인간에 의한 행위로서, 과거를 돌아보고 뭔가를 떠올리고 이렇게 과거로부터 떠올린 것을 현재로 가져오는 것으로 이해된다. 그렇지만 성경에서 말하는 '기억'은 단지 과거에 일어난 사건을 떠올리는 것이 아니며, 따라서 인간에 의한 행위를 말하는 것이 아니다. 오히려 성경은, 과거에 일어난 구원 사건이 전례 거행 안에서 현재화되고 다시 생생해지며, 이는 인간의 주관적 행위가 아니라 성령을 통하여 이루어진다는 확신을 담고 있다. 그리스도인은 이것을 "바로 오늘"이라는 간략하지만 중요한 말로 고백한다. 주님 만찬 성목요일은 특별한 방식으로 그러한 기억의 표지 아래 있다. 특히 다음 세 가지 측면에서 그러하다.

주님 만찬 성목요일의 세 가지 기억

제1독서로 봉독되는 탈출기 대목은 파스카 축제 곧 이스라엘 백성이 이집트 종살이에서 해방된 사건을 기념하는 축제에 관해 보도하는데, 이러한 지침으로 종결된다. "이날이야말로 너희의 기념일이니, 이날 주님을 위하여 축제를 지내라. 이를 영원한 규칙으로 삼아 대대로 축제일로 지내야 한다."(탈출 12,14) 유다인들은 이 파스카를 단지 과거의 사건으로만 기념하지 않는다. 이 사건을 기억하고 기념함으로써 그것은 동시에 현재의 사건이 되는 것이다. 파스카-하가다•에는 이렇게 명시되어 있다. "지금 이 축제를 함께 지내는 사람은 누구나 지금 자신이 이집트에서 탈출한다고 여겨야 한다." 유다인들은 파스카 만찬Seder-Mahl••을 거행함으로써, 그들 자신이 이집트에서 탈

• 하가다Haggada는 히브리어로 '이야기'라는 뜻으로, 유다교 전승 가운데 율법적 성격을 띠지 않은, 어느 정도는 자유롭게 표현된 이야기를 가리킨다. 전설이나 격언을 포함하는 라삐 문학 형태와 훈화적 해설집이 있다 - 옮긴이.

•• 파스카 축제가 시작된 후 고유한 의식과 함께 이루어지는 저녁 식사 - 옮긴이.

출하는 것이다. 성경의 이스라엘 백성은 이집트에서 탈출하기 전, 밤에 서둘러 음식을 먹어야 했다. 이런 이유로 세파르딤 유다인* 가정에서는 이 식사 때 먼저 가장이 자리에서 일어나 누룩 없는 빵을 손에 들고 보에 싼 다음, 어깨 위로 들어 올린 뒤에 제자리에서 걷는 의식이 있다. 가장은 이러한 구체적 행동을 통해, 당시에 조상들이 그랬듯이 지금 자신들도 이집트에서 탈출하는 것이며, 단지 기억 속에서만 해방되는 것이 아니라 지금 하느님에 의하여 해방되는 것임을 생생하게 보여준다. 여기서도 "바로 오늘"이라는 말이 적용된다.

주님 만찬 성목요일(이하 성목요일)에 과거의 사건이 기억을 통해 현재화되면서 이런 질문이 올라온다. 이스라엘 백성이 이집트 탈출을 앞두고 밤에 식사할 때 무슨 일이 일어났는지, 그리고 그들이 이집트 종살이에서 벗어난 목적은 무엇이었는지에 대해서다. 성경에는 이에 대한 두 가지 대답이 나와 있다. 그중 하나는 우리가 잘 알고 있는 것으

* 유다교 정통파의 한 갈래로, 예전에 이베리아 반도를 중심으로 살았던 스페인이나 포르투갈 유다인들을 가리킨다 - 옮긴이.

로, 해방의 목적은 약속의 땅에 도달하는 것이며, 이스라엘 백성은 드디어 그곳에 삶의 터전을 마련하고 안전한 지역에서 독립된 민족으로서 더 이상 종속되지 않고 자유로이 살 수 있다는 것이다. 그러나 하느님은 파라오에게 원래 이렇게 명령하셨다. "내 백성을 내보내어 그들이 광야에서 나를 예배하게 하여라."(탈출 7,16) 하느님이 내리신 이 명령이 얼마나 중요한지는 모세와 아론이 파라오와 협상할 때마다 네 번이나 되풀이되고 이로써 상황이 매우 긴박해진 점에서도 드러난다. "주 저희 하느님께서 말씀하신 대로, 저희는 광야로 사흘 길을 걸어가 그분께 제사를 드려야 합니다."(탈출 8,23) 이스라엘 백성이 하느님께 합당한 예배를 드릴 수 있으려면 이집트에서 해방되어야 한다. 약속의 땅 또한 그들이 참되신 하느님께 예배드릴 장소로서 주어진다. 곧 이스라엘 백성이 이집트 종살이에서 해방된 목적은 하느님께 참된 예배를 드리기 위해서다. 그들은 제례를 통해 하느님께 참된 예배를 드리고, 자신들이 이집트에서 해방된 사건을 현재로서 체험한다. "바로 오늘."

이 짧은 문구는 그리스도교가 유다교에 깊이 뿌리내리고 있음을 보여준다. 그리스도인도 이러한 전례를 거행하기 때문이다. 제2독서로 봉독되는 코린토 1서 대목에서, 바오로는 최후의 만찬 때 예수님이 이렇게 말씀하셨다고 전한다. "이는 너희를 위한 내 몸이다. 너희는 나를 기억하여 이를 행하여라."(1코린 11,24) "너희는 이 잔을 마실 때마다 나를 기억하여 이를 행하여라."(1코린 11,25) 그리스도인들도 성찬례를 거행할 때마다 단순히 예수님이 최후의 만찬 때 행하신 것을 떠올리는 것만은 아니다. 우리가 성찬례를 거행함으로써 그 사건은 현재가 된다.

성찬례에 대한 이러한 깊은 확신을 초대 교부 히에로니무스는 매우 구체적으로 증언한다.[25] 그는 오래된 전통에 관해 보도하는데, 파스카 성야 미사에 참례한 신자들은 자정 전에 성당을 떠나서는 안 된다는 것이다. 그리스도인들은 이 거룩한 밤에 주님의 재림을 기다리기 때문에, 초대 교회에서는 자정이 지나야 비로소 파스카 성야 미사가 끝났다. 물론 자정은 지났고 주님의 재림은 이루어지지 않았다. 그렇지만 그들은 결코 실망한 채 집으로 가지 않았다. 성찬례에 참여하며 위로를 얻은 것이다. 성찬례 때 주님의 재림이 이미 이루어졌고 그분은 "바로 오늘" 빵과 포도주의 형상 안에 숨어서 현존하신다고 확신했기 때문이다.

우리는 성찬례를 거행하면서 "너희는 나를 기억하여 이를 행하여라" 하시며 주님께서 우리에게 남겨주신 사명을 수행한다. 요한복음에서 예수님은 제자들의 발을 씻어주신 뒤에 그들에게 이와 유사한 사명을 주신다. "내가 너희에게 한 것처럼 너희도 하라고, 내가 본을 보여준 것이다."(요한 13,15) 이러한 겸손의 모범으로 예수님은 겉옷을 벗으시고 수건을 들어 허리에 두르신다. 이는 예수님이 당신의 신적 영광이 드러나는 겉옷을 벗고, 가장 낮은 자세로 주인을 섬기는 종의 옷을 입으셨음을 표현한 것이다. 예수님은 신적 존엄함을 내려놓으시고 인간이 떨어질 수 있는 가장 낮은 곳으로 내려오신다. 죄인인 우리 앞에 무릎을 꿇으시고, 우리의 더러운 발을 씻어주시며, 종으로서 우리를 섬기시기 위해서다.

이러한 **발 씻김**의 표지는 예수님이 당신의 무한한 사랑의 물로 우리를 씻어주신다는 것을 보여준다. 이 상징적 행위 역시 단지 과거의 일이 아니라, 예수님이 성찬례 안에서 당신의 신적 생명을 우리에게 나누어 주실 때마다 늘 새롭게 실현되고 있다. 자기 발은 절대로 씻지 못하신다고 말하는 베드로에게 예수님이 하신 대답은 오늘날 우리에게도 적용된다. "내가 너를 씻어주지 않으면 너는 나와 함께 아무런 몫도 나누어 받지 못한다."(요한 13,8) 우리도 오늘 예수 그리스도와 관계를 맺고 친교를 이룰 수 있다. 그러기 위해서는 누구도 예외 없이, 우리의 발을 씻어주시는 그분의 겸손하신 제스처를 수용해야 한다. 우리 모두는 깨끗하지 않고, 그분이 씻어주셔야만 그분의 몫을 나누어 받을 수 있기 때문이다. 여기서도 "바로 오늘"이라는 말이 적용된다. 이런 이유에서 밀라노의 암브로시오 성인은 발 씻김 예식을 죄를 없애는 성사적 행위로 이해했을 것이다.

최후 만찬과
예수님의 십자가

그리스도인들은 앞에 언급된 세 가지 기억의 표지와 함께 성목요일 전례를 거행한다. 과거에 일어났던 구원 사건이 오늘의 전례에서 현재화됨을 확신하면서, 우리는 당시에 실제로 무슨 일이 일어났는지 더 정확히 알아야 할 필요를 느낀다.

바오로 사도는 코린토 신자들에게 보낸 첫째 서간에서 이에 대해 명확히 알려준다. 그가 전하는 바에 따르면, 예수님은 최후의 만찬 때 단지 당신의 몸이라고만 말씀하지 않으시고, 의식적으로 "너희를 위한 내 몸"(1코린 11,24)이라고 말씀하셨다. 그리고 잔을 들어 "내 피로 맺는 새 계약"(1코린 11,25)이라고 말씀하셨다. 이는 예수님이 성금요일을 내다보시며 당신의 마지막 만찬을 행하셨음을 의미한다. 이로써 예수님은 십자가 죽음을 앞서 겪으시고, 그것을 사랑으로 자신을 바치는 사건으로 승화시키신다. 예수님의 십자가 죽음은 겉으로만 보면 순전히 세속적인 사건으로서, 사람들이 고안해 낸 가장 잔혹한 방식으로 한 인간이 처형된 것일 뿐이다. 그러나 성경은, 예수님께서 사람들이 당신께 저지른 이 극악무도한 폭력 행위를 우리를 위한 헌신의 행위로, 곧 사랑의 행위로 내면에서부터 변화시키셨다고 확신한다.

그러므로 예수님이 성목요일에 하신 최후 만찬과 성금요일에 겪으신 십자가 죽음이 불가분의 관계에 있음을 볼 수 있을 때에야 최후 만찬의 심오한 깊이와 중요성을 깨달을 수 있다. 왜냐하면 "십자가가 없었다면 성찬례는 단순한 의식에 불과했을 것이고, 성찬례가 없었다면 십자가는 잔혹한 세속적 사건에 지나지 않았을 것"[26]이기 때문이다. 십자가 죽음이 없었다면 예수님이 최후의 만찬 때 하신 말씀은 아무런 보증이 없는 공허한 말이 되었을 것이고, 반대로 주님 만찬의 말씀이 없다면 그분의 십자가 죽음은 아무런 의미도 없는 단순한 처형에 불과했을 것이다. 예수님의 십자가 죽음은 그 죽음이 사랑으로 승화되었기에 의미를 얻는다. 시리아의 에프렘은 다음과 같이 깊이 깨달았다. "예수님은 최후의 만찬 때 이미 당신 자신을 바치셨고,

십자가에서 다른 사람들에 의해 희생되셨다." 이로써 에프렘은 예수님이 자유의지로 당신 자신을 바치지 않으셨다면, 아무도 그분의 생명을 앗아갈 수 없다는 것을 표현한다. 그분은 생명을 바치시고 생명을 다시 얻으시는 권능을 지니신 분이다.[27]

예수님은 최후의 만찬 때 당신의 십자가 죽음을 선취하심으로써 완전히 새로운 형태의 전례를 세상에 가져오셨다. 프란치스코 교황은 하느님 백성의 전례 교육에 관한 교서 「나는 간절히 바랐다」에서 이렇게 강조한다. "우리가 최후의 만찬에 참여하지 않았다면, 다시 말해서 그분의 죽음을 미리 예고한 예식에 참여하지 않았다면, 우리는 그분께서 어떻게 사형 선고를 받고 돌아가시는지 그 뜻을 파악할 수 없어 실제로 그 완전한 예배 행위를 할 수 없을 것입니다. 하느님께서 기뻐하시는 그 예배가 오직 참된 예배 행위이며 오직 참된 전례입니다."[28]

예수님은 십자가에서 다른 어떤 것이 아닌, 바로 당신 자신을 바치셨다. 예수 그리스도의 새롭고 참된 희생은 우리 인간을 위하여 아드님이 아버지께 자신을 바치신 것에 있다. 이로써 성전에서 동물을 제물로 바치던 제사는, 십자가에 달리신 그리스도께서 우리를 위하여 당신 자신을 바치신 새로운 제사로 대체되었다.

특히 요한 복음사가는 발 씻김이라는 상징적 행위를 기술하는 대목을 "파스카 축제가 시작되기 전…"(요한 13,1)이라는 말로 시작하면서 이 새로운 전례를 알려준다. 공관 복음서들이 예수님의 최후 만찬은 파스카 식사였음을 강조하는 반면, 요한에게 중요한 것은 예수님이 파스카 축제 전에 제자들과 마지막 만찬을 하셨고, 예루살렘 성전에서 파스카 양이 제물로 도살되는 시간에 십자가형에 넘겨져 돌아가셨다는 것이다. 요한의 시각에서는 예수님의 십자가 죽음과 성전에서 어린양을 바치는 희생 제사가 일치하기에, 복음사가는 착한 목자이신 그리스도께서 파스카 양을 대신하셨다는 자신의 확신을 표현한다. 그분은 위험에 처한 양들을 구하시기 위해서 스스로 어린양이 되신 것이다. 이제 주님은 참되고 살아있는 성전, 하느님이 그 안에 머무시고 우리가 하느님을 만날 수 있는 성전이 되셨다. 달리 말하면, 돌로 된 성전을 성찬례가 대신하게 되었으며,

참된 어린양이신 그리스도는 성찬례 때 당신 자신을 우리에게 내어주신다.

성찬례의 심오한 의미

예수님이 당신의 십자가 죽음을 사랑과 헌신의 행위로 받아들이셨기에, 그분의 몸은 참된 '만나', 영원한 생명을 얻기 위한 우리의 양식이 되셨다. 십자가 위에서 이미 빛나고 있는 성찬례의 신비 안에서, 사랑이신 그리스도 자신이 우리의 양식이 되신다. 성찬례 안에서 우리는 예수 그리스도께서 십자가에서 보여주신 사랑과 희생을 늘 새롭게 그리고 특별히 경험할 수 있다. 이런 까닭에 초대 교회에서는 성찬례를 단순히 '사랑' 곧 '아가페'라고 부르기도 했다.

예수님의 십자가 희생은 거룩한 성찬례에서 현재화된다. 이는 신앙생활에서 십자가 죽음과 성찬례가 불가분의 관계임을 진지하게 여기라는 요구와도 결부된다. 이 연관성을 주시할 때에도 "바로 오늘"이라는 말이 통한다. 이 말을 제대로 깨닫기 위해서는 예물 봉헌 때 외적 차원에 머물지 않고 진지한 자세로 임하며 우리 자신이 산 제물이 되어야 한다. 성찬 전례 때 바치는 감사기도, 특히 감사기도 제4양식에는 이렇게 명시되어 있다. "주님, 몸소 교회에 마련하여 주신 이 제물을 굽어보시고 같은 빵과 같은 잔을 나누어 받으려는 저희가 모두 성령으로 한 몸을 이루고 그리스도 안에서 **산 제물**이 되어 주님의 영광을 찬미하게 하소서." 마리아가 아들 예수의 십자가 아래서 그분의 자기희생에 "예"라고 말해야 했고 실제로 "예"라고 하셨듯이, 우리도 성찬례 때 예수 그리스도께서 당신을 내주심에 진심으로 감사하며 이를 받아들이고 그분의 자기희생에 동참할 수 있어야 한다.

성찬 전례 때 감사기도를 바치면서 우리는 성사를 통해 기리는 예수님의 십자가 희생이 우리에게 단지 외적인 것으로, 나와 상관없는 객관적 희생으로 다가오지 않게 해 달라고 하느님께 청한다. 이 희생을 마치 과거의 다른 종교들에서 물질적인 희생 제물을 바친 것처럼 바라본다면, 아직 그리스도교로 넘어오지 못한 것이다. 그러나 우리는 성찬례 때 예수 그리스도께서 우리 인간을 위하여 아버지께 자신을 바치신 희생이 우리 안에 완전히 내면화되게 해주시기를, 우리 자신이 사랑의 제물이 되게 해주시기를 하느님께 청한다. 달리 말하면, 성찬례 때 우리 마음이 크게 변화되어 우리 자신이 그리스도처럼 그리고 그리스도와 함께 성체가 되게 해주시기를 청한다.

예수님이 십자가 위에서 당신의 성찬례를 거행하셨듯이, 우리의 삶 전체도 성찬 전례 때 바치는 감사기도가 되어야 한다. 곧 우리가 살아있는 성체로서 다른 사람들에게 자신을 내어줄 수 있게 되어야 한다. 이 진지함을 주님 만찬 미사가 우리에게 상기시킨다. 주님 만찬 미사는, 성찬례가 단지 인간적 친교로 서로 빵을 나누는 예식이 아님을 의식하게 한다. 예수님은 당신의 생명을 바치시어 성찬례를 제정하셨다. 그러므로 성찬례는 그분께도 또한 우리에게도 죽음과 같은 진지함을 지닌 것이다.

성목요일에 그리스도인은 오래되고 귀중한 관습을 행하면서 이 죽음의 진지함을 표현한다. 곧 만찬 미사 후 수난

감실에 모셔진 성체 앞에서 우리는 예수 그리스도께서 겪으신 수난과 죽음의 밤에 동참하고, 그분과 함께 깨어있으면서 이 밤을 보낸다. 우리가 오늘날 세상에서 다시금 체험할 수밖에 없는 어두운 밤에도 예수 그리스도께서는 결코 우리를 떠나지 않으시고, 성체의 사랑으로 우리와 함께하신다는 것을 굳게 확신하면서 이 밤을 지낸다. 이러한 점에서도 우리는 주님 만찬 미사의 감사기도에 삽입된 "바로 오늘"이라는 문구를 기쁘게 고백할 수 있다.

7

주님 수난 성금요일

"보라, 십자 나무!"

사람들은 마음을 끌어당기는 장소로 가는 것을 좋아하고, 또 그것을 의미 있다고 여긴다. 그런 특별한 장소를 찾는 까닭은 그곳에 있으면 마음이 편안해지고 자신의 정체성도 깨닫게 되기 때문이다. 자신이 태어난 곳이나 결혼식을 올린 곳, 연인이라면 두 사람이 처음 알게 된 장소가 이에 해당할 것이다. 그런 특별한 장소는 인간 삶에서 때때로 중요한 영향을 미친다.

그리스도교 신앙의 핵심에는 우리에게 큰 위로를 주면서도 매우 도전적인 메시지가 담겨있다. 바로 하느님도 그런 특별한 곳을 알고 계시고, 거기서 우리가 당신을 늘 발견하고 알아뵙기를 바라신다는 것이다. 이 장소는 인류 역사에 한 획을 그은 곳, 바로 골고타 위에 세워진 예수 그리스도의 십자가다. 그리스도인들이 '십자가의 복음' 곧 우리를 해방시키는 메시지를 깨닫기 바란다면 끊임없이 그곳으로 시선을 돌려야 한다. 특히 주님 수난 성금요일(이하 성금요일)에는 더욱 그러하다. 이날은 이 자리가 우리 앞에 피할 수 없이 다가온다. 성금요일은 예수 그리스도의 십자가가 그리스도교 신앙의 가장 심오한 정체성을 발견하는 장소임을 분명하게 알려주기 때문이다.

성금요일 전례(주님 수난 예식) 때 사제는 이 골고타 장면을 생생하게 상기시킨다. 그리고 "보라, 십자 나무, 여기 세상 구원이 달렸네. 모두 와서 경배하세" 하고 세 번 크게 외치면서 신자들이 십자가에 경배하도록 이끈다. 이러한 예식은 이미 기원후 400년경 예루살렘에서 확인되며, 7–8세기에 로마 전례에 도입되어 예수 그리스도의 십자가를 중심으로 하는 풍요로운 말씀 전례에 이어 행해졌다.

동정하시는 하느님의 메시지

그러나 오늘날에는 성금요일의 메시지가 세상에서 (그리고 부분적으로는 교회 안에서도) 쉽게 받아들여지지 않는다. 적지 않은 사람들이, 심지어 그리스도인들조차도 그리스도교 신앙에서 십자가의 복음을 받아들이는 데 어려움을 겪는다. 오늘날 이처럼 의문시되고 이른바 '인도주의'를 명분으로 피고석에 서있는 신앙의 신비는 없을 것이다. 상당수의 사람들과 그리스도인들은 십자가를 말 그대로 '십자가'로 여긴다. 그들은 예수님의 십자가 이면에서 포악한 군주와 같은 고루하고 비인간적인 하느님상을 본다. 그들의 견해에 따르면, 이 하느님은 무자비한 정의를 엄격히 내세우며 인간의 희생을, 심지어 자기 아들의 희생까지 요구하며, 조건 없는 용서라는 건 절대 없고 오직 아들 예수가 십자가에서 흘린 피에 근거해서만 용서할 수 있다. 이 하느님은 치욕을 당한 자처럼, 사람들의 죄로 인해 위신이 추락되었고 이 때문에 자기 아들이 속죄 제물로 바쳐짐으로써 실추된 위신을 회복해야 하는 자처럼 비친다.

이는 참으로 무자비한 하느님상이다. 그리스도교가 전하는 하느님상이 아니다. 성금요일 전례 때 거행되는 말씀 전례와 십자가 경배는, 그리스도인들은 결코 죽음이 아니라 생명 안에 있다는 것, 곧 우리에게 오직 생명을 원하시고 약속하시며 우리를 위하여 생명을 바치신 그분의 사랑 안에 있음을 표현한다. 이날 독서 말씀으로 봉독되는 히브리서 대목에 그것이 잘 나타나 있다. "우리에게는 우리의 연약함을 동정하지 못하는 대사제가 아니라, 모든 면에서 우리와 똑같이 유혹을 받으신, 그러나 죄는 짓지 않으신 대사제가 계십니다."(히브 4,15)

여기서 말하는 동정Sym-Pathie은 글자 그대로 예수께서 우리의 고통을 함께 느끼고 나누신다는 공감과 연민의 메시지다. 따라서 예수 그리스도의 십자가는 하느님의 권리가 침해되었기에 예수님이 치명적이고 무자비한 심판을 받으신 사건이 아니라, 반대로 인간에 대한 하느님 사랑의 극치를 표현한 것임을 보여준다. 하느님은 인간이 당신과 다시 화해를 이루도록 하기 위해 예수님의 십자가가 필요하신 게 아니기 때문이다. 예수님의 십자가는 오히려 하느님께서 우리와 영원히 화해할 준비가 되어 계심을 보여주는 표지다. 악한 세력이 사람들 안에서 활개 치고 착한 목자마저 겨냥할 때, 이 착한 목자는 '탕자'를 자비로이 찾아나서는 일을 포기하지 않는다는 데서 하느님의 구원 의지가 확연히 드러난다. 예수님의 십자가 죽음은 하느님의 무한한 사랑의 결과다. 그분은 오늘날 십자가에 못 박힌 우리 삶의 깊은 심연과 무덤에서까지도 우리와 가까이 계시기를 바라신다. 우리를 당신의 사랑으로 구원하시려는 것이다.

하느님이 아시는 유일한 '복수'는 폭력을 단호히 거부하고 끝까지 사랑하시는 것이다. 이는 예수님의 십자가에서 분명히 드러났다. 예수님의 십자가에서 하느님은 사람들의 폭력에 고통당하시는 것으로 대응하셨고, 악의 세력에 맞서 당신의 자비를 드러내 보이셨다. 하느님의 지고한 사랑은 사람들에게 폭력으로 강제하시기보다는 차라리 우리가 저지른 죄로 말미암아 당신 스스로 십자가에 못 박히기를 바라시고, 아무것도 억지로 관철하려 하지 않고 아무도 강요하지 않으시며, 오직 당신의 사랑에 우리가 사랑으로 응답하기를 바라신다.

예수님의 십자가와 성금요일 전례를 통해 그리스도인이 어떤 하느님을 믿는지 분명해진다. 우리는 예수님이 명하신 원수 사랑을 끝까지, 죽음에 이르기까지 몸소 실행하시는 하느님을 믿는 것이다. 그렇기 때문에 예수님의 십자가에 관해 그리스도교가 전하는 메시지는 "하느님의 사랑이 낳은 놀라운 기적에 관한 설교"[29]임이 증명된다. 예수 그리스도를 십자가에 매달아 죽인 것은 사람들이지, 하느님이 아니었다. 그렇지만 사람들의 그런 잔혹함은 우리 인간에 대한 하느님의 지극하고 놀라운 사랑에 관해 말하는 계기가 되었다. 그러므로 예수님의 십자가는 사람들의 잔혹함과 하느님의 원수 사랑을 동시에 표현하고 종합한 것이라 할 수 있다.

어린양이 되신 착한 목자의 사랑

성금요일은 예수 그리스도 안에서 드러난, 인간에 대한 하느님의 무한한 사랑을 깊이 깨닫도록 우리를 초대한다. 예수 그리스도는 학대받은 어린양들 편에 서셨고 몸소 어린양이 되심으로써 사람들을 이끄는 착한 목자로 증명되셨다는 것을 깊이 묵상하라는 것이다. 그분은 착한 목자이시기에 인간이 전혀 기대하지 않았던 방식으로 우리와 만나신다. 다시 말해 사람들은 구세주를 어린양이 아니라, 전력을 다해 세상과 그 구조를 완전히 바꾸어 새로운 세상을 만들고자 하는 사자로 기대하곤 했다. 이 세상 통치자들을 사자의 이미지로 묘사한 것은 분명 우연이 아니다. 그들은 사자의 모습을 통해 자신들의 권력을 과시했던 것이다. 그러나 예수 그리스도는 이 세상에 어린양으로 오시어, 무장하지 않은 사랑의 힘을 드러내 보이셨다. 바로 그 사랑이 그분의 권능을 구체적으로 보여주는 방식이다.

"하느님은 어린양으로 오시어, 이로써 세상을 구원하신다."[30] 베네딕토 16세 교황은 이렇게 간결하지만 심오한 의미가 담긴 문장으로 성금요일에 담긴 메시지를 요약했다. 그러므로 예수님의 십자가는 사랑이 진정으로 구원을 이루려면 희생이 따라야 하고, 그렇기에 타인을 위해 자신의 생명을 바쳐야 한다는 것을 분명히 보여준다.

교회의 교부들은 예수님의 십자가 죽음에서, 아브라함이 아들 이사악을 희생 제물로 바친 사건이 궁극적으로 완성되었다고 이해했다. 아브라함은 아들을 바침으로써 하느님께 자신의 큰 사랑을 보여드릴 준비가 되어 있었지만, 하느님은 결국 이사악을 죽게 하지 않으시고 숫양 한 마리로 만족하셨다. 곧 아브라함은 덤불에 뿔이 걸린 숫양을 끌어 와, 아들 대신 번제물로 바쳤다. 이렇게 구약성경에 등장하는 이사악은 죽지 않고 숫양으로 희생이 대체된 반면에, 새 이사악이신 예수 그리스도는 그 어떤 대체물 없이 당신의 생명을 바치셨다. 그리스도교 초기 신학자 오리게네스는 이를 예리하게 기술했다. "관대하신 하느님은 놀라운 방식으로 사람들과 경쟁하신다. 아브라함은 죽을 운명의 아들을 바쳤지만, 그 아들은 죽지 않았다. 반면에 하느님은 불멸의 아드님을 사람들을 위해서 죽음에 넘기셨다."[31] 이런 까닭에 고백자 막시무스는 다음과 같이 확신했다. 그리스도는 "말하자면 신적으로 돌아가셨다. 자발적으로 돌아가셨기 때문이다."[32]

그렇기에 예수 그리스도의 참되고 새로운 희생은 더 이상 하느님께 동물이나 물건을 바치는 것이 아니라, 인간을 위하여 아드님이 아버지께 자신을 바쳐 우리에게 하느님의 사랑을 베푸시는 데 있다. 예수 그리스도는 당시 예루살렘 성전에서 행해진 것처럼 하느님께 어떤 물질적 제물, 곧 동물이나 물건을 바치는 것으로 만족할 수 없으셨다. 예수님은 그 어떤 것이 아니라 당신 자신을 바치셨고, 이로써 새로운 제사가 동물을 제물로 바치는 것을 대신하게 되었다. 그렇게 예수 그리스도는 십자가에 달려 아버지이신 하느님께 봉헌되었다. 이렇게 인간을 위하여 당신 생명을 바치심은 오직 사랑에서 비롯된 것이며, 폭력이나 악과는 결부되어 있지 않다. 예수님의 희생은 그분이 자신을 드러내 보인 것이자 사랑의 완성이다. 요한 복음사가는 이 신비를 한 문장으로 압축하여 표현한다. "하느님께서는 세상을 너무나 사랑하신 나머지 외아들을 내주시어, 그를 믿는 사람은 누구나 멸망하지 않고 영원한 생명을 얻게 하셨다."(요한 3,16)

십자가의 사랑으로 구원된 우리

이로써 십자가와 사랑은 서로 반대되지 않고 짝을 이루며, 성금요일의 메시지는 사랑과 구원의 메시지라는 것이 명확히 드러난다. 십자가는 하느님께서 당신 사랑을 말로 표현하는 것으로 만족하지 않으시고 몸소 엄청난 대가를 치르셨음을 보여주는 가장 분명하고 효과적인 표지다. 하느님은 우리를 위하여 사랑으로 당신의 생명을 바치셨고 우리를 궁극적으로 받아들이셨다. 그토록 깊이를 헤아릴 수 없는 무한한 사랑을 통해서만 인간은 진정으로 구원될 수 있다. 베네딕토 16세 교황은 그리스도인의 희망에 관한 회칙 「희망으로 구원된 우리」에서 이렇게 기술했다. "이러한 절대적인 사랑이 이에 대한 절대적인 확신과 함께 존재할 때 비로소 인간은 개별적으로 어떠한 상황에 있든 '구원'받게 됩니다. 예수 그리스도께서 우리를 '구원하셨습니다'라고 하는 말의 의미가 바로 이것입니다."[33]

우리는 사랑받았기에, 더 정확히 말하면 무한히 사랑받았기에 구원되었다. 우리가 가장 절박할 때, 구원을 간절히 필요로 하는 곳으로 하느님은 우리를 찾아오신다. 자녀가 부모에게서 등을 돌리거나 그릇된 길로 들어설 때 자녀에 대한 부모의 사랑이 종종 시험을 받기도 하지만, 부모는 상처에도 불구하고 여전히 자녀를 사랑하는 것처럼, 하느님은 우리가 당신에게 등을 돌리고 죄를 짓더라도 당신의 사랑을 굳건히 지키신다. 우리가 불충한 태도를 보여드려도 그분은 우리에게 책임을 지우지 않으시고, 인간관계에서 흔히 행해지는 것과 달리 보복하지 않으신다. 하느님은 오히려 용서하시면서 우리에게 늘 새로운 시작을 선사하신다. 죄인의 죽음을 원하지 않으시고, 그가 살기를 바라시기 때문이다.

하느님의 사랑은 그토록 끝이 없기에, 그분은 인간에 대한 당신 사랑의 대가를 아드님의 생명으로 지불하셨다. 이때 아드님은 이 세상의 가장 무거운 짐을 지셨다. 다시 말해 죄가 짓누르는 힘을 떠받치시며 우리의 구원을 위해 십자가를 지셔야 했다. 십자가에 달리신 예수 그리스도는 인간의 죄와 죽음을 당신의 대속적 사랑과 죽음으로 물리치셨고, 이렇게 놀라운 교환을 통해 우리의 구원을 이루셨다. 그러므로 예수님의 십자가만큼 하느님의 사랑이 그토록 구체적으로 가까이 드러나는 곳은 없다. 이 십자가는 인간을 향한 하느님의 사랑, 구원을 가져오는 그분 사랑의 궁극적 결과물이다. 십자가는 구세주의 가장 위대한 사랑의 현현顯現이다.

부재 가운데 현존하시는 하느님 체험

성금요일에 우리는 예수 그리스도의 십자가에 깃든 신학적 심오함에 마음을 열면서 우리의 구원을 위해 그분이 우리와 자리를 바꾸신 이 놀라운 사건이 매우 중대함을 깨닫게 된다. 예수님이 십자가 위에서 아버지께 버림받은 체험과 큰 소리로 부르짖은 말씀에 그 신학적 심오함이 내포되어 있다. “저의 하느님, 저의 하느님, 어찌하여 저를 버리셨습니까?”(마르 15,34) 이 외침은 예수님이 겪으신 어둔 밤에 주목하게 한다. 그분은 지옥의 심연으로 내려가셨다. 항상 아버지의 뜻을 찾고 그 뜻에 따라 사신 외아드님이 버림받은 체험은 바로 지옥 체험이다. 하느님이 가까이 계심을 분명히 의식하면서도 그분에게서 버림받음을 체험한다는 것은, 글자 그대로 지옥이다. 지옥은 처절한 외로움의 장소이고, 결국엔 하느님이 부재하시는 장소이기도 하다.

이 지옥 체험은 사실 예수님만이 하실 수 있었을 것이

다. 그분은 당신이 친밀하고 다정하게 "아빠abba"라고 부르신 하느님 아버지와 어느 누구보다 긴밀히 결속되어 계셨기 때문이다. 하느님과의 관계가 더 가깝고 더 친밀할수록 그분이 멀리 계시고 부재하신다는 체험은 더 끔찍하다. 그렇지만 이렇게 자신이 버림받았다고 느끼면서도 예수님은 아버지께 시선을 돌리고 아버지의 손에 자신을 내맡기셨다. 십자가에서 버림받은 예수님의 부르짖음에는 고통받는 인간의 두려움뿐만 아니라, 무엇보다 모든 이에게 구원을 가져다주기 위해 사랑으로 아버지께 자신의 생명을 바치는 아드님의 기도가 담겨있다.

십자가에 달리신 예수님이 철저히 버림받으신 체험, 섬뜩한 지옥 체험을 깊이 생각해 보자. 그 체험 안에 예수님의 십자가가 우리에게 선사하는 가장 큰 위로가 들어있다. 교회 역사를 보면, 많은 성인이 예수님의 십자가에서 이 위로를 찾았고 또 얻을 수 있었다. 특히 십자가의 성 요한을 비롯한 여러 성인들은 '신앙의 어둔 밤'을 직접 체험했으며, 그리스도와 결속하는 것을 그분이 지옥 체험 때 겪으신 어둠을 함께 겪는 것으로 여겼다.

오늘날에도 다른 사람들에게서 심지어 하느님에게서 버림받았다고 느끼는 많은 이가 예수님의 십자가에서 동일한 위로를 구하고 또 발견한다. 예수님이 참혹한 수난을 겪는 중에도 아버지께 시선을 두셨듯이, 버림받았다고 느끼는 사람들 역시 하느님의 부재 체험 중에도 그분이 여전히 함께 계시다는 희망을 품을 수 있기 때문이다. 그리스도인은 버림받았다고 느끼는 이들 안에서 버림받으신 예수님을 바라보고, 그들에게 새로운 희망을 선사해 주도록 초대받았다. 프랑스 사상가 블레즈 파스칼이 신앙과 관련해 다음과 같이 말한 것은 타당하다. 예수 그리스도가 십자가에서 겪으신 수난은 이 세상 한가운데서 특히 고통당하는 사람들 안에서 세상 종말 때까지 계속된다는 것이다.

그러한 희망에 비추어 볼 때, 성금요일 전례에 미사가 거행되지는 않지만 8세기 로마에서 말씀 전례와 십자가 경배 후에 영성체 예식이 도입된 것은 깊은 의미를 갖는다. 이날 거행되는 영성체 예식은, 우리가 하느님의 부재를 체험할 수밖에 없는 상황에서조차 예수 그리스도께서 성체성사를 통해 우리와 함께 계심을 보여주는 생생한 표지다.

예수 그리스도께서 성체 안에 현존하심은 우리에게 위로와 확신을 준다. 특히 침묵의 날이자 하느님이 부재하시는 날인 성토요일에 더욱 그러하다. 우리는 버림받은 게 아니라, 성체 안에 계신 그리스도와 함께하는 것이다.

성체 안에서 우리는 십자가에서 수난을 겪으시고 돌아가신 예수님의 고통스러운 얼굴을 만나지만, 동시에 죽음을 생명으로 바꾸시는 부활하신 그리스도를 만난다. 이처럼 성금요일부터 성토요일을 거쳐 주님 부활 대축일에 이르기까지 성체 안의 예수님은 우리와 함께하신다. 또한 이 성체는 우리 인간의 개인적인 파스카 여정에서 성금요일과 성토요일의 체험을 지나 부활을 맞는 길에 받아 모시는 '노자 성체'다. 성금요일과 성토요일이라는 냉혹한 현실은 사라지지 않는다. 그렇지만 그리스도인으로서 우리는 이 세상에 오신 예수 그리스도께서 우리 편에 서계신다는 희망을 품고 산다. 그분은 "인간의 얼굴"을 받아들이시는 것에 그치지 않으시고, 심지어 "죄의 얼굴"까지 덮어쓰셨다.[34] 고통스러운 성금요일의 밤을 우리 모두를 위한 부활의 아침으로 변화시키시기 위해서다. 이러한 희망을 품으면서 그리스도인들은 히브리서의 말씀대로 성금요일의 초대에 응할 수 있다. "그러므로 확신을 가지고 은총의 어좌로 나아갑시다. 그리하여 자비를 얻고 은총을 받아 필요할 때에 도움이 되게 합시다."(히브 4,16)

성토요일의 어둠과 밝음

무덤의 고요와 구원의 서곡

무덤은 한 인간의 삶이 마침내 끝났음을 가장 명확히 보여주는 표지다. 무덤 안에 누워있는 사람을 두고 흔히들 '영원한 안식에 들었다'고 말한다. 또한 비유적 의미에서 무덤은 결국 실망으로 드러나는 인간적 희망의 종말을 의미하기도 한다. 화禍를 자초하는 사람에게서는 '스스로 무덤을 판다'는 인상이 들 수도 있다. 살면서 희망의 온기가 식어버리고 더 이상 삶의 의미를 찾을 수 없는 사람들은, 자기는 산송장 같다고 말하곤 한다.

무덤은 마지막을 가리키는 궁극적인 표지다

무덤은 모든 인간적 가능성이 완전히 끝났음을 의미한다. 파스카 성야 미사의 복음에 등장하는 세 여인에게도 그랬다.(마르 16,1-7 참조) 그들은 주간 첫날 매우 이른 아침, 예수님의 시신에 향료를 발라드리려 그분 무덤에 갔다. 그러한 의도를 품고 무덤으로 간다는 것은, 이제는 살아계신 분을 만나리라는 희망을 더 이상 품을 수 없음을 드러낸다.

세 여인은 예수님의 무덤으로 가면서, 누가 무덤 입구의 돌을 굴려 내줄지 걱정한다. 무덤 입구에 놓인 돌의 표상은 분명한 메시지를 전한다. 그 돌은 무덤을 봉인하고, 돌아가신 예수님을 썩어가는 존재로 만들어 영원히 과거로 쫓아내려 한다.

우리는 오늘날에도 예수님의 무덤 앞에 놓여있는 그러한 돌들을 마주한다. 이 돌들은 오늘날 통상적으로 과학적 관점에서 설명된다. 자연법칙은 죽은 자의 부활 같은 것을 허용하지 않으니, 죽은 이들이 되살아나는 일은 가능성의 영역에 속하지 않는다는 점을 들면서 말이다. 이 돌은 역사적 특징도 지닐 수 있다. 그래서 사람들은 예수님을 중요한 역사적 인물로, 역사 속에서 중대한 일을 하신 분으로 인정하지만, 과거의 인물로 여긴다. 오늘날 교회에서도 볼 수 있는 어떤 돌은, 예수님은 죽음을 이기고 살아계시지만 영으로만 살아계시고 그분의 몸은 무덤 안에 있다고 말한다. 그 이면에는 하느님은 인간의 영 안에서만 활동하시고 물질과는 관계가 없으시다는 사고가 깔려있다. 하느님의 활동을 영적인 것에서만 수용하고 물질적이고 육체적인 것은 그분과 관계없다고 보는 사고는 현대판 영지주의 성격을 띠고 있다. 현대판 영지주의는 하느님과 그분의 활동이 물질에 작용하는 것을 인정하지 않으며, 물질적인 것과 육체적인 것을 찬양하는 오늘날에도 교회 내에서조차 퍼지고 있다.

만약 이 돌들이 실제로 존재했고 말하자면 '현자의 돌'•

• 납이나 구리 같은 평범한 금속을 금으로 변화시키는 능력을 지녔다고 전해지며, 이 돌을 소유한 이에게는 장수와 부를 안겨준다고 알려졌다 - 옮긴이.

이었다면, 무덤은 예수님의 삶과 사람들의 삶에서 늘 마지막을 가리키는 말이었을 것이다. 예수 그리스도께서 육체적으로 부활하지 않으셨다면, 그분의 역사는 성금요일에 끝났을 테고 성토요일에 완전히 막을 내렸을 것이기 때문이다. 그리고 죽은 이들의 부활이 없다면, 우리 인간의 삶도 무덤의 허무로 들어가는 '대기실'에 불과할 것이다.

그렇다면 인간 삶에는 위로와 희망이 없을 것이다. 예수님의 무덤에 가서 그분 시신에 발라드리려 향료를 준비한 세 여인에게서 볼 수 있듯이 말이다. 죽은 이들의 부활이 없다면, 오늘날 우리 그리스도인도 이 여인들처럼 죽은 예수님을 무덤 안에서 찾아다닐 것이다. 그리고 그들이 천사들에게 받았던 질문을 우리도 똑같이 받을 것이다. "어찌하여 살아계신 분을 죽은 이들 가운데에서 찾고 있느냐?"(루카 24,5)

무덤의 고요 속에서 지내는 날

오늘날 그리스도인들도 살아계신 그리스도를 죽은 이들 가운데에서 자주 찾고 있지 않은가? 처음에는 터무니없는 질문처럼 보이지만, 이는 사실 성토요일이 진지하게 던지는 질문으로, 우리에게 도전으로 다가온다. 성토요일은 예수님이 무덤의 고요 속으로 들어가신 날, 따라서 하느님이 역사 속에서 숨어계시고 침묵하시는 날이다. 이 날은 이미 독일의 작가 장 파울Jean Paul이 예고한 날로 그에게는 물론 악몽으로 여겨진 날이며, 훗날 프리드리히 니체Friedrich Nietzsche가 "신은 죽었다! 신은 죽어버렸다! 우리가 그를 죽인 것이다!"라고 극단적으로 표현한 날이다. 두 사상가가 이렇게 강하게 말한 것은 특히 지난 세기에 피로 얼룩진 현실이 되었다. 잔혹한 두 차례의 세계대전, 나치의 강제수용소와 구소련의 강제노동수용소에서 사행된 수많은 인명 살상, 히로시마와 나가사키에 원자폭탄 투하로 빚어진 비극 등과 같은 엄청난 사건들로 인해 인류 역사는 참혹한 성토요일을 지냈기 때문이다. 이 슬픈 사건들에 깃든 어둠은 특히 그리스도인들에게 세계 역사 속에 존재했던 성토요일과 하느님이 보내신 성토요일의 어둠을 마주할 것을 요구한다.

여기서 복음서에 등장하는 세 여인이 우리에게 직접적으로 다가오는 명확한 이유가 드러난다. 이 여인들에게서 자신을 발견하는 상황들이 존재하기 때문이다. 우리 삶에서도 과거의 희망을 묻어버릴 수밖에 없는 일이 늘 발생하고, 부활절이 아닌 성토요일과 같은 상황에 직면하는 때가 빈번하다. 많은 이가 섬뜩한 방식으로 성토요일을 경험한다. 특히 코로나19 팬데믹이 장기간 지속되었던 시기에 더욱 그러했다. 이 세계적 전염병은 2020년 사순 시기가 시작되면서 급속도로 퍼져 나갔고, 당시 많은 사람이 길고 긴 성토요일을 경험했다.

우리가 역사 속에서 보내는 시간은 가혹한 성토요일, 하느님이 숨어계시는 날, 하느님이 어둠 속에 계시는 날이 될 것 같다. 그러한 성토요일의 분위기에 젖어 적잖은 사람들이 오늘날 무덤이라는 한계 너머의 그 무엇이나 누군가에 대한 희망을 완전히 포기했고, 이 때문에 외로움 속에서 홀로 살아가려 한다. 이는 무신론적 사고를 철저히 수용하는 것이다. 예를 들어 이탈리아 철학자 파올로 플로레스 다르카이스Paolo Flores d'Arcais가 '무신론자' 개념을 적절히 설명한 바 있다. "무신론자는 간단히 말해서 모든 것이 지금 여기서, 우리의 제한되고 불확실한 삶 속에서 전개된다고 여기는 사람을 의미한다."[35] 무신론자인 이 철학자는 '그리스도교의 핵심과 특성'을 알고 있다. 그는 그것들을 부활 사건에서 발견하지만, 이를 비이성적 수용이자 철학적 어리석음이라고 여긴다.[36]

이러한 극단적인 예는 성토요일의 중요성을 이해하게 하며, 성토요일이 오늘날에도 우리 삶과 세상에서 늘 존재하고 영향을 미친다는 것을 보여준다. 그리스도인에게도 성토요일은 우리가 이 세상에 살면서 직면하는 고통스러운 상황에 가장 잘 부합하는 날이다. 성토요일은 성금요일에 이어 근본적 질문을 제기하기 때문이다. 성토요일은 하느님이 숨어계시는 날이다. 특히 하느님이 종종 침묵하시는 듯한 오늘의 세상에서 그리스도인들은 부활절 후에도 이

날을 계속 체험해야 한다. 성토요일은 구원받지 못한 인간의 상태를 나타내는 표지이며, 이는 부활절 이후에도 지속된다. 이것이 성토요일이 지닌 어두운 면이다. 이날은 희망과 확신의 끝을 가리키는 표지인 무덤이 중심에 있다.

저승에 내려가신 하느님의 사랑

그러나 성토요일은 단지 하느님이 침묵하시는 날, 예수님이 무덤의 고요 속으로 들어가신 날, 죽음이 수동적으로 이루어진 날만이 아니다. 오히려 매우 능동적인 날, 구세사적으로 큰 중요성을 지닌 날이기도 하다. 그렇기 때문에 성토요일은 밝은 면도 내보인다. 이에 관하여 베드로 1서는 그리스도께서 돌아가신 후 "감옥에 있는 영들에게도 가시어 말씀을 선포"(1베드 3,19)하셨다고 전한다. 그리스도께서 저승에 가셨다는 이 모티브는 성토요일과 연관되며, 그리스도교 신앙은 이를 사도신경 안으로 가져왔다. 그래서 우리는 예수 그리스도께서 "십자가에 못 박혀 돌아가시고 묻히셨으며 저승에 가시어…"라고 고백한다.

이 신앙의 신비가 지닌 폭발적 힘을 인식하기 위해서는, 저승에서 도대체 무슨 일이 일어났는가에 대해 묻지 않을 수 없다. 인간적 경험에 비추어 볼 때, 저승은 완전히 황량한 곳이자 절대적으로 외로운 곳이다. 거기서는 모든 인간관계가 소멸되고 따라서 사랑마저 죽기 때문이다. 그러나 성토요일은 우리에게 예수님이 돌아가신 후 저승에 가시어 하느님의 현존과 그분의 사랑을 그곳으로 가져오셨다고 전한다. 예수님은 가장 외로운 곳, 모든 관계가 완전히 차단된 곳, 하느님으로부터 가장 멀어진 곳으로 가셨다. 그렇지만 거기서 당신의 끝없는 사랑으로 죽은 이들을 감싸 안으셨다. 그분은 움직임 없는 저승을 당신의 따뜻한 사랑으로 움직이게 하시면서 새 생명의 장소로 바꾸어 놓으셨다. "저승에서 하느님의 음성이 울려 퍼졌다. 상상할 수 없는 일이 일어났다. 사랑이 저승으로 흘러들어 갔다."[37] 베네딕토 16세 교황은 토리노에 소장된 예수님의 수의壽衣 앞에서 묵상한 후 이러한 말씀으로 성토요일에 깃든 가장 밝은 희망을 표현했다. 그리스도께서 저승으로 사랑을 가져가신 뒤에 죽음 한가운데에도 생명이 있고, 따라서 성토요일 한가운데에도 부활이 있다는 희망이다.

이 신앙의 신비가 동방교회의 부활 신심에 관한 작품들에 매우 구체적이고도 위로를 주는 방식으로 표현되어 있다. 그 작품들은 서방에서처럼 예수 그리스도께서 죽음을 물리치고 부활하시어 홀로 하늘로 오르시는 모습이 아니라, 저승에 가시어 곧 죽은 이들 가운데서 부활하신 모습을 묘사한다. 동방교회의 부활 이콘들에는 부활하신 그리스도께서 발로 저승문을 부수시고 그 위를 다리처럼 건너 저승으로 내려가시는 모습이 주로 묘사되어 있다. 죽음의 세계 한가운데서 구원의 메시지를 선포하시고 죽은 이들에게 구원의 말씀을 전하시는 것이다. 그분은 당신이 오시기를 간절히 기다리며 바라보는 아담과 하와에게 손을 내미시어 그들의 손을 꽉 잡으시고, 그들을 무덤에서 끌어내신다. 이어서 무거운 짐을 진 그들과 함께 하늘로 오르시어 아버지의 영광 속으로 들어가신다. 성경이 확신하는 바에 따르면 이 세상에 죄와 죽음을 가져온 인류의 원조인 아담과 하와는, 그리스도가 부활하시어 구원을 베푸신 최초의 사람들이다. 그리고 그들은 모든 인류를 대표하여 그 자리에 있는 것이다.

성토요일,
역사의 징표

그리스도는 죽음의 세계에 있던 그들 없이 부활하기를 원치 않으셨다. 그렇기 때문에 곧바로 하늘에 계신 아버지께로 가지 않으시고, 우회로를 택하여 죽은 이들에게 가셨다. 당신 부활의 빛을 가장 어두운 저승에도 비추시고, 죽음의 사슬을 끊어내시고, 갇힌 이들을 죽음의 세력에서 해방하시기 위해서다. 이것이 부활 이콘이 전해주는 메시지다. 이 작품들이 우리에게 위로와 기쁨을 주는 까닭은, 주님 부활 대축일은 단지 부활하신 예수 그리스도를 기리는 축제일만이 아니라, 그리스도의 몸 전체의 축제일이기도 할 것임을 알려주기 때문이다. 그리스도의 부활은 그분의 몸 전체가 영원한 생명 속으로 들어갈 때 비로소 그 목적을 달성하게 될 것이다.

그러나 지금 우리는 부활을 살아가는 것과 함께 부활 축제 이후에도 지속되는 성토요일에 또한 살고 있다. 그렇기 때문에 성토요일은 여전히 부활을 기다리면서도 믿음으로 부활을 맞는 인간 삶의 본질에 부합하는 날이다. 성토요일은 '이미'와 '아직 아니' 사이에서 긴장 상태에 있다. 이는 그리스도교 신앙의 한 가지 특성이다. "죄와 죽음은 여전히 작용하며 단순히 없어지지 않는다. 그러나 동시에 부활 축제가 가져올 환호가 임박해 있음이 이미 넌지시 드러났다."[38]

성토요일에 우리는 모든 인간적 가능성이 끝난 것으로서 무덤을 마주한다. 그러나 무덤이 하느님의 모든 가능성의 끝을 가리키지는 않는다. 그리스도교 신앙의 가장 어두운 신비, 성토요일에 무덤 안에서 밝혀지는 이 신비는 동시에 신앙의 가장 밝은 신비로 드러난다.

예수님의 무덤 안에서 결정적 변화가 이루어졌다. 곧 무덤에 갇혀있는 죽음에서 벗어나 완전히 새로운 것, 영원하고 충만한 생명으로 건너가는 변화가 일어난 것이다. 이렇게 성토요일은 이미 파스카 성야의 축제로 이어진다.

9

파스카 성야의 신비

희망의 빛, 믿음의 물, 사랑의 피

"주간 첫날이 밝아 올 무렵" 두 여자가 "무덤을 보러 갔다."(마태 28,1) 그들이 아직 날이 밝기 전에 무덤에 간 것은 예수님의 죽음으로 인한 고통과 슬픔 속에서, 그분을 따른 이들로서의 의무를 다하기 위해서였다. 여인들은 부활하신 그분을 무덤 안에서, 죽은 이들 가운데서 찾는다. 그러나 주님의 천사에게서 그분은 여기에 계시지 않고 되살아나셨다는 말을 듣게 된다. 그들이 무덤을 떠나 제자들에게 그 소식을 전하러 달려가는데, 부활하신 예수님이 갑자기 그들 앞에 나타나신다.(마태 28,8-9 참조)

그 밤에 일어난 일을 오늘날 우리도 경험할 수 있도록,

〈전례주년과 전례력에 관한 일반 규범〉은 파스카 성야 전례를 "밤중에 거행해야 한다"고 규정한다. 구체적으로 말하면, 이 전례는 "밤이 된 다음에 시작하고 주일 날이 밝기 전에 마쳐야 한다."[39] 전례력에서 가장 중요한 미사, '모든 거룩한 밤샘 전례의 어머니'라는 아름다운 수식어가 붙은 예수 그리스도의 부활 미사(파스카 성야 미사)에 참례하기 위해 교우들이 밤에 모이는 전례적 관습은 이 지침에 따른 것이다.

이 관습에 비추어 그리스도인들이 밤을 좋아한다는 것을 알 수 있다. 사제가 성찬례 때 바치는 감사기도(제3양식)의 성찬 제정 문구는 "예수님께서는 잡히시던 날 밤에"라는 말로 시작한다. 그리스도인들에게 밤은 거룩하고 성별된 때로도 여겨지며, 우리는 결정적으로 중요한 밤을 '거룩한 밤Weih-Nacht'(성탄절)이라고 부른다. 이 거룩한 밤에 우리는 하느님께서 우리가 사는 세상에 오셨음을 기린다. 그러나 성탄절은 인간의 가장 깊은 갈망에 대해 신앙이 주는 첫 번째 대답에 불과할 수 있다. 오히려 신앙이 주는 대답이 완전하고 우리를 해방시켜 주려면, 하느님이 우리 인간이 사는 세상에 오실 뿐만 아니라 우리가 하느님의 세계로 갈 수 있어야 한다. 우리는 구원의 빛이 우리를 비추는 파스카 성야 미사 때 이를 기린다. 바로 이것이 그리스도교가 전하는 부활 메시지의 핵심이다.

세상은 보편적인 죽음의 감옥인가,
생명에 대한 희망의 정원인가?

인간이 하느님의 세계로 나아갈 수 있는 문이 없다면, 파스카 성야도 그저 평범한 밤에 불과했을 것이다. 밤은 인간 삶에 깃든 어둠과 세계 역사에 깃든 어둠, 우리가 이 시대에 다시 강하게 체험할 수밖에 없는 어둠을 가리키는 본래적 상징이다. 밤은 난관과 죽음을, 가난과 무의미를, 두려움과 답답함을 의미한다. 밤은 인간 모두가 근본적으로 체험하는 것이다. 따라서 지난 세기에 감수성 풍부한 작가들이 이 인간적 체험을 적나라하게 표현하려 한 것은 놀랄 일이 아니다.

유다인 작가 프란츠 카프카Franz Kafka는 이러한 어둡고 깊은 심연과 두려움의 카타콤바(지하 묘지)를 아주 구체적으로 표현하고자 했다. 그는 두 작품에서 사람들이 사는 두려움 가득한 세상을 냉랭한 대기실, 자신 안에 갇혀있고 출구가 없는 방처럼 묘사한다. 그의 소설 「성」에서 인간의 삶은 관료 사회의 심각한 혼란 속에서 책임 있는 권위에 다가가려는 헛된 기다림이자, 희망 없는 시도로 그려진다. 「심판」에서는 인간의 삶을 마치 사형 선고를 받은 사람처럼 묘사한다. 이 소설이 문 앞에 서있는 사람을 비유로 들면서 끝나는 것은 우연이 아니다. 그는 평생 문 앞에서 기다리지만, 그 문이 원래 자신을 위해 만들어졌음에도 결코 그 문을 열고 들어갈 수 없다.

이러한 표상들을 통해 카프카는 인간 삶의 고통스러운 체험들 가운데 하나를 섬세하게 표현했다. 사람들이 사는 세상에 살아계신 하느님께로 가는 문이 없다면, 그들이 가는 길은 죽음의 세계라는 감옥으로, 입구는 많지만 출구는 없는 그곳으로 이어질 수밖에 없기 때문이다. 그렇게 되면 우리는 모두 죽음의 포로가 된다. 사람들이 사는 세상 역시 죽음의 집이자, 나갈 길 없는 강제수용소가 된다. 죽음이 마지막 말이라면, 사람들이 사는 세상은 무無로 가는 대기실이자 소멸을 준비하는 곳에 불과하다. 사람들이 사는 세상은 죄수들이 사형을 기다리며 수용된 감방에 비유할 수 있다. 이것이 인간이 겪는 밤의 실체다.

그리스도인들도 밤에 매우 친숙하다. 파스카 성야를 지내면서 우리는 밤과 마주할 용기를 낸다. 자신의 삶에서 밤을 배제한다면, 파스카 성야가 공허해질 수밖에 없음을 알기 때문이다. 파스카 성야라는 말에 '밤(야夜)'이 들어있다. 인간이 마주하는 심연과 위험 속에도 밤이 숨어있다. 밤은 온갖 걱정과 근심으로 잠 못 이루는 날들을, 우리 삶의 어두운 면들을 연상시킨다. 우리가 특히 파스카 성야에 밤과 마주하는 것은 밤 그 자체를 위한 것이 아니다. 밤이 그저 밤이고 새 날을 바라보게 하지 않는다면, 우리는 용기를 잃고 절망하여 아무것도 시도하지 못할 것이다.

그리스도인들은 파스카 성야에 밤과 마주한다. 하느님의 시선에서, 밤은 밤으로 남아있지 않고 하느님의 빛으로 밝혀질 것이기 때문이다. 이것이 파스카 성야가 우리를 위해 준비해 놓은 희망찬 약속이다. 두려움, 난관, 죽음의 밤 가운데로 어둠을 밝히는 빛이 비추어지리라는 것이다. 이 약속이 파스카 성야를 아주 특별한 밤으로 만든다. 인간 삶은 문 안으로 통할 뿐 아니라 문 밖으로도 통하는 영역이라는 것이 파스카 성야가 우리에게 주는 메시지다. "삶은 무無로 가기 위한 대기실이 아니라 영원의 시작이다. 세상은 보편적인 강제수용소가 아니라 희망의 정원이다."[40] 사람들이 겪는 밤 한가운데 하느님의 영원한 빛이 있다. 바로 이것이 파스카 성야가 주는 기쁜 소식이다.

이 메시지는 너무나 심오하기에 우리가 제대로 이해하기는 매우 어렵다. 그렇기 때문에 교회의 전례가 우리에게 도움을 주고, 이 메시지를 가시화하고 설명하는 표지들을 제시한다. 빛과 물과 피가 그것이다. 전례는 우리가 이 표지들에 관해 깊이 묵상하도록 초대하며, 빛의 예식과 세례식과 성찬례에서 드러나는 파스카 성야의 신비를 더 잘 깨닫도록 이끌어 준다.

밤을 밝히는 빛

첫째 표지는 '빛'이다. 빛은 인류의 위대한 원초적 상징 가운데 하나이며, 오늘날에도 직접적으로 말을 건네며 우리를 비춰준다. 빛이 무엇인지는 밤이 무엇인지 아는 사람, 밤을 체험한 사람만이 알 수 있다. 여기서 우리는 전례에 따른 관습, 곧 밤이 된 다음에 모여 파스카 성야 미사를 시작하고 파스카 초(부활초)의 빛을 따라 어두운 성당으로 들어가는 행위의 깊은 의미를 깨닫게 된다. 이 전례 행위와 함께 빛과 어둠이 공존하는 인간 삶의 드라마가 펼쳐진다. 어두운 성전은 우리가 사는 어두운 세상을 가리키는 표지다. 또한 테러와 폭력 속에서 살아야 하는 사람들, 여러 가지 이유로 삶의 빛이 희미해진 사람들, 삶의 빛이 소멸된 채 죽어가는 사람들을 가리키는 표지다.

우리는 어두운 성당에서 부활의 빛을 기다리면서 우리 삶이 처한 상황을, 다시 말해 우리 삶 위에 빛이 비치기를 바라는 간절한 소망을 표현한다. 이를 통해 부활의 메시지가 주는 위로에 대한 확신을 드러낸다. 하느님은 인간 삶에 존재하는 밤을 아신다. 세상의 어둠이 무력을 동원하여 당신의 아드님을 죽음으로 내몰았을 때, 그분은 몸소 밤을 체험하셨다. 세상의 어둠은 빛이신 예수님께 유죄 판결을 내리고 그분을 처형했다. 참으로 세상의 어둠과 하느님의 빛이 이보다 더 크게 대비될 수는 없을 것이다.

하느님께서 우리가 겪는 밤을 아신다는 사실은 우리에게 큰 위로가 된다. 우리가 더 이상 혼자가 아님을 알기 때문이다. 그리고 더 큰 위로는 하느님은 그 밤에 우리를 버려두지 않으신다는 것이다. 하느님께서는 아드님의 부활로 역사에 큰 전환을 가져옴으로써, 우리의 밤 한가운데에 당신의 빛을 밝히신다. 파스카 성야 전례 때 부제는 "그리스도 우리의 빛!" 하고 세 번 크게 외치면서 어두운 성당 안으로 들어온다. 파스카 초는, 빛이 어둠을 이긴다는 기쁜 소식과 그 하느님의 빛은 결코 꺼지지 않을 것이라는 희망을 우리에게 전해준다. 존 헨리 뉴먼 성인은 이를 기도로 표현했다. "오 하느님, 당신은 어둠을 밝히실 수 있습니다. 당신만이 그렇게 하실 수 있습니다."

물론 빛과 어둠의 드라마는 우리 삶에서 아직 끝나지 않았고, 우리는 늘 이를 체험하고 있다. 아직 밤이 종착지에 도달하지 않았기 때문이다. 이는 부활하신 분이 재림하실 때 이루어질 것이다. 그렇기에 밤은 우리가 사는 세상에 늘 존재한다. 그러나 이제는 빛이 밝혀진 밤이다. 하느님이 당신 자신을 드러내 보이시면서 이 부활의 빛을 우리 삶 속으로 가져오셨다.

파스카 초를 들고 거행하는 빛의 예식은 "무언의 강론"[41]과 같다. 그리고 이어지는 말씀 전례에서 봉독되는, 구약성경에서 발췌한 일곱 개의 독서 말씀은 빛의 예식이 지닌 의미를 밝혀준다. 봉독되는 말씀을 통해 우리는 부활을 향해 나아가는 구원 역사에 주목하게 되는데, 여기서 핵심을 이루는 것은 탈출기의 대목이다. 탈출기는 구약의 하느님 백성이 종살이하던 땅에서 벗어나, 밤에는 불기둥이 그들 앞에 서서 약속의 땅 곧 자유의 땅으로 들어가는 길을 인도하는 이야기를 전한다. 이스라엘 백성이 홍해를 건너는 이야기는 파스카 성야 미사에서 파스카 신비와 세례의 예표로 이해된다. 초대 교회는 세례에 '깨달음(조명)'이라는 아름다운 명칭을 부여했다. 세례받은 이는 하느님의 빛을 나누어 받았고, 가장 좋은 의미에서 깨달음을 얻게 되기(빛으로 나아가기) 때문이다.

정화하고 생기를 주는 물

둘째 표지는 '물'이다. 세례 때 이루어지는 일이 파스카 성야 미사에서 물의 표지를 통해 더 명확히 표현된다. 물은 땅이 우리에게 주는 가장 귀중한 선물 가운데 하나다. 물론 물은 일관성이 없고, 상반된 면이 있다. 쓰나미나 홍수가 발생했을 때 보듯이 물은 엄청난 파괴력을 가지고 있다. 그러나 물은 치유하는 힘도 크게 발휘한다.

물은 우리에게 생기를 주고, 피로를 풀어주며, 갈증을 해소해 준다. 실제로 갈증 때문에 고생해 본 이들은 물의 소중함을 누구보다 잘 알 것이다. 예를 들어 뜨거운 태양 아래 장시간 걷다가 샘을 발견하고 목을 축여 생기를 얻은 사람은 그런 힘든 상황에서 물보다 더 귀중한 것은 아무것도 없다는 것을 체득한다. 그러한 경험은 물이 주는 풍요로움과 생명력을 상기시킨다. 그러므로 강이 길게 흐르는 나라들, 예컨대 고대 이집트나 아시리아–바빌론에서 살았던 사람들이 물에 대해 큰 경외심을 가지고 있었던 것은 우연이 아니다. 물을 마시면 다시 생기를 얻을 수 있기 때문이다. 하지만 물에 빠져 익사할 수도 있다. 여기서 물의 이중성이 드러난다.

그러나 이스라엘 백성의 구원에 대한 희망과 관련된 물은 그 이중성을 벗어난다. 구약의 하느님 백성은 생명을 주는 물, 사막을 꽃이 만발한 땅으로 변화시키는 힘을 지닌 물에 대한 희망을 늘 지니고 있었다. 이렇게 그 이중성에서 벗어난 물은 파스카 성야 전례에서도 중심에 있다. 파스카 성야 전례는 이스라엘 백성이 홍해에서 구원된 것을 기억하고, 이 구원이 세례성사에서 완성되었다고 본다. 세례의 물에는 물이 지닌 온갖 소중한 것이 담겨있기 때문이다. 물은 정화시키고 풍요롭게 하는 힘을 가지고 있으며, 만물이 활기를 띠게 하고 생기 넘치게 한다. 우리 모두는 세례의 물로 씻기고 새롭게 태어난다. 이날 봉독되는 신약 독서, 곧 바오로 사도가 로마 신자들에게 보낸 서간의 말씀대로 예수 그리스도의 죽음과 부활의 신비에 내적으로 참여했기 때문이다. "그리스도 예수님과 하나 되는 세례를 받은 우리가 모두 그분의 죽음과 하나 되는 세례를 받았다는 사실을 여러분은 모릅니까? 과연 우리는 그분의 죽음과 하나 되는 세례를 통하여 그분과 함께 묻혔습니다. 그리하여 그리스도께서 아버지의 영광을 통하여 죽은 이들 가운데에서 되살아나신 것처럼, 우리도 새로운 삶을 살아가게 되었습니다."(로마 6,3-4)

세례의 물은 우리 삶의 광야를 비옥한 땅으로 변화시킨다. 부활의 세례는 우리에게 맡겨진 가장 귀한 물이다.• 이를 통해 우리는 영원한 생명을 주는 샘솟는 물을 선물로 받았다. 세례를 받은 우리는 이 물로 살아가야 한다. 이는 물론 그리스도인으로서 행해야 하는 의무와도 결부되어 있다. 부활의 물로 세례를 받은 사람은 '다른 물로 씻긴' 사

• 전통적으로 부활절에 세례식이 거행된 것이 이렇게 말하는 배경을 이룬다 - 옮긴이.

람이 될 수 없다. 그는 오직 예수 그리스도의 이름으로 세례받은 물로만 계속 씻길 수 있도록 부르심을 받았다.

생명을 주는 구원의 피

요한복음의 수난 사화에 따르면, 십자가에 못 박히신 예수님의 옆구리에서 피와 물이 흘러나왔다.(요한 19,34 참조) 요한에게 물과 피는 교회의 두 기본적 성사, 곧 세례성사와 성체성사를 가리키는 이미지다. 이로써 요한은 세례성사와 성체성사 그리고 교회 자체도 예수님의 십자가에서 비롯되었음을 표현한다. 이로써 파스카 성야 미사의 중심에 있는 셋째 표지, 곧 '피'의 표지가 드러난다.

피는 생명의 상징일 뿐만 아니라 우리가 살기 위해서 반드시 필요한 것이다. 인간은 피가 흘러야만 살 수 있다. 그리고 누군가는 자신의 피로써 다른 사람의 생명을 구할 수도 있다. 파스카 성야에서 관건이 되는 것은 십자가에 달리신 주님의 옆구리에서 흘러나와 사람들을 구원한 그 피다. 예수님의 십자가는 자기 헌신을, 우리를 위하여 당신의 생명을 완전히 내어놓으심을 표현하기 때문이다. 이 십자가 위에 완전한 헌신의 샘, 넘쳐흐르는 사랑에서 발원한 귀한 샘이 있다. 그 샘이 교회로 흘러들어 가, 교회를 활기 넘치게 한다.

성찬례 때 사용되는 포도주는 예수님의 이 수난을 가리키는 가시적 표지다. 포도나무에 달린 가지는 계속 쳐내고 깨끗이 손질해야 하고, 포도 열매는 햇볕과 비를 맞으면서 익어가며, 포도즙이 나오려면 세게 압착해야 하듯이, 곧 정화와 압착이라는 수난을 거쳐야 값진 포도주를 얻을 수 있는 것처럼, 우리는 성찬례 때 십자가의 수난을 통해 완성된 신적 생명을 나누어 받는다. 그러므로 예수님의 십자가 죽음 위에 이미 성찬례의 신비가 빛나고 있으며, 우리는 성찬례에 참례하면서 그리스도와 내적으로 결속된다. 그분이 당신의 피로 우리와 친교를 맺으셨기 때문이다. 그리스도께서 피를 흘리심으로써 우리에게 값진 사랑을 주셨으니, 우리도 서로 '혈연관계'를 이루고 부활을 체험한 이들로서 살기 위해 서로에게 도움을 주어야 한다.

그러므로 예수 그리스도의 죽음과 부활의 신비가 현재화되는 성찬례는 파스카 성야 전례의 정점을 이룬다. "성체는 부활하신 그분이 현존하시는 곳이다. 그분은 희생의 표징을 통해 끊임없이 당신 자신을 내주심으로써 우리의 생명이 되신다."[42] 그리스도인들은 성찬례에 참례할 때마다 부활을 기린다. 특히 주일에, 예수 그리스도께서 부활하신 날에 그렇게 한다. 주일은 그리스도교 교회의 '근원적 축일'이 되었다. 주님 만찬과 주님의 날은 불가분의 관계에 있다. 성찬례 때 바치는 감사기도에 이렇게 명시되어 있듯이 말이다. "그러므로 저희는 당신 앞에 나아와 온 교회와 함께, 그리스도께서 죽은 이들 가운데서 부활하신 날인 이 주간 첫날을 기념하나이다."●

● 독일어 미사 경본의 주일 감사기도에 삽입되는 문구다 – 옮긴이.

사람들이 겪는 밤을 밝히는 하느님의 빛

빛과 물과 피, 이 세 가지는 파스카 성야 때 우리에게 주어진 표지들이다. 이 세 가지 요소는 빛의 예식과 세례식과 성찬례를 포함하는 파스카 성야 전례에 부합하고, 따라서 파스카 성야의 가장 깊은 신비를 가시화하고 깨닫게 해준다. 곧 우리를 위하여 피 흘리시고 십자가에 못 박히신 예수 그리스도께서 살아계시다는 것이다. 죄와 죽음의 세력이 계속 활개를 치더라도, 그것이 끝이 아니라는 것을 우리는 안다. 마지막 말은 하느님께 속하고, 그 마지막 말(말씀)은 곧 생명이다. 그렇기 때문에 우리는 복음서에 등장하는 세 여인처럼 그분을 무덤 안에서, 죽은 이들 가운데에서 찾을 수 없다. 살아있는 이들 가운데에서만 그분을 찾을 수 있다.

주님의 천사는 그 여인들에게, 서둘러 그분의 제자들에게 가서 다음과 같이 이르라고 말한다. "그분께서는 죽은 이들 가운데에서 되살아나셨습니다. 이제 여러분보다 먼

저 갈릴래아로 가실 터이니, 여러분은 그분을 거기에서 뵙게 될 것입니다."(마태 28,7)

파스카 성야 전례는 우리에게 이 약속을 전한다. 부활하신 그분은 오늘도 우리를 앞서 가신다. 그러므로 우리가 그분과 함께 걸어갈 때 그분을 만날 수 있다. 우리가 그분과 함께 가야, 그분을 뒤따라야 그분이 오늘의 '갈릴래아'에서 모습을 드러내신다. 거기서 그분은 희망의 빛으로, 믿음의 물로, 사랑의 피로 나타나신다. 파스카 성야의 세 가지 표지는, 우리가 겪는 밤이 영원하지 않다는 벅찬 소식을 전해준다. 하느님의 빛이 그 밤을 비춰주셨기 때문이다.

10

주님 부활 대축일의 기쁜 소식

미래를 열어주는 부활 신앙

"그러므로 여러분은 그리스도와 함께 다시 살아났으니, 저 위에 있는 것을 추구하십시오. 거기에는 그리스도께서 하느님의 오른쪽에 앉아계십니다. 위에 있는 것을 생각하고 땅에 있는 것은 생각하지 마십시오."(콜로 3,1–2)

요한복음의 부활 발현 사화에서 전하는 많은 이야기와 부활 신비의 중요한 핵심을, 바오로는 콜로새 신자들에게 보낸 서간에서 위의 두 절로 요약한다. 그리고 그리스도인들이 주님 부활 대축일에 바라보아야 할 방향을 가리킨다. 위에 있는 것을 바라보고, 부활 날 드러난 하느님이 약속하신 미래에 시선을 두라는 것이다.

이러한 시각은 얼핏 보기에는 우리가 통상적으로 느끼는 것과 차이가 있다. 시간의 세 가지 차원 중 현대인들은 대체로 과거에 영향을 받는다고 느낀다. 그리고 종종 가정과 사회와 인류의 유산이 현재의 자신에게 지대한 영향을 미치기 때문에 미래로 나아가는 길을 찾기가 힘들다고 생각한다. 이러한 까닭에 우리는 사실 과거가 아니라 미래가 우리의 현재를 결정하고 영향을 미친다는 사실을 거의 인식하지 못한다. 미래는 아직 존재하지 않고 무한한 가능성을 지닌 드넓은 바다에 숨어있기 때문에 오히려 우리의 현재를 지속적으로 결정한다.

우리 삶에는 미래가 현재에 영향을 미친다는 것을 의식하게 되는 특별한 순간들이 분명히 존재한다. 가장 분명하고 심오한 순간은 의심할 여지없이 주님 부활 대축일이다. 이날은 우리의 마음을 건드리고 해방시키는 대답을 준다. 우리가 자신에게 솔직하고 마음 깊은 곳을 바라본다면 미래 없이는 살 수 없음을 고백해야 한다. 이 말은 우리 개개인을 감싸고 있는 미래, 우리 자신의 죽음을 넘어서는 미래에 더욱 적용된다. 이러한 미래를 바라보면서, 우리는 미래가 없으면 결국 현재도 지탱할 수 없음을 깨닫게 된다. 그렇기 때문에 기본적으로 우리에게 주어진 삶의 선택지는 두 가지뿐이다. 한 가지 선택은 미래를 바라보는 것이다. 우리는 각자 유일무이한 인간으로서 미래에 포함되어 있고, 이런 까닭에 현재의 삶을 넘어설 수 있다. 다른 선택은 현실의 삶에 대해 계속 불평꾼이 되는 것이다. 이는 우리 삶의 암울한 면이자 참혹한 실상이며, 우리가 울어야 할 이유다.

교회 전례력에서 가장 중요하고 기쁜 날인 주님 부활 대축일에 우는 것에 관해 말하는 것을 많은 이가 적절하지 않다고 여길 것이다. 그렇지만 울음은 부활 축제와 동떨어져 있는 것도, 낯선 것도 아니다. 예수님의 부활에 관해 복음서가 전하는 대목의 중심에 우는 여인이 있기 때문이다.(요한 20,1-18 참조) 우리가 이를 간과하지 않도록, 복음서에는 마리아 막달레나가 무덤 밖에 서서 울고 있었다고 네 번이나 언급되어 있다.

적잖은 사람들이 그런 모습을 '여자다운' 것이라고 생각할 수도 있다. 흔히들 여자는 울지만 남자는 울지 않는다고 말하기 때문이다. 이러한 표현은 복음서에서조차 증명된다. 남자들은 예수님을 버리고 달아나, 두려움에 떨며 안전한 곳을 찾았다. 반면 여자들은 그 자리에 남아 울고 있었다. 눈물은 영혼 깊은 곳에서 나오는, 말하자면 "영혼의 샘물"[43]이다. 나아가 우리는 슬플 때만 아니라 기쁠 때도 눈물을 흘린다. 슬픔의 눈물과 기쁨의 눈물은 동일한 영혼의 샘에서 흘러나오기에, 우는 것을 잊은 사람들은 또한 제대로 웃을 수도 없다. 울고 있던 여자들이 도망친 남자들보다 우위에 있다. 특히 마리아 막달레나가 그렇다.

복음서에 등장하는 이 여인은 그저 단순히 울고 있는 것이 아니다. 그녀가 눈물을 흘리며 우는 데에는 분명한 이유가 있다. 그녀는 예수님 때문에 운다. 자신의 전부였던 분이 죽임을 당하셨고, 게다가 그분의 시신마저 없어졌기에 우는 것이다. 예수님의 시신과 함께 그녀는 자신의 모든 희망을 묻어버릴 수밖에 없었다. 예수님의 죽음과 함께 마리아는 자신의 미래도 몽땅 빼앗겼기에 운다. 그렇게 인간 삶에서 미래를 빼앗기면 깊은 우울에 빠진다. 복음서에 나오는 이 여인은 우리도 스스로에게 질문을 던지게 한다. "예수님을 잃었다는 생각에 울어본 적이 있는가? 그분을 잃었다는 사실이 우리 마음을 얼마나 깊이 움직일까?"

부활하신 분이 이름을 부르시다

마리아 막달레나는 예수님을 잃어버려서 운다. 그럼에도 그분을 찾는다. "누가 저의 주님을 꺼내갔습니다. 어디에 모셨는지 모르겠습니다."(요한 20,13) 마리아는 예수님을 찾지만, 죽은 이들 가운데에서 찾는다. 그녀는 자신의 미래도 찾고 있지만 과거라는 무덤 안에서 찾고 있다. "어찌하여 살아계신 분을 죽은 이들 가운데에서 찾고 있느냐?"(루카 24,5) 루카복음에서는 눈부시게 차려입은 남자 둘이 이렇게 나무라듯 묻는다.

살아계신 분을 죽은 이들 가운데에서 찾는 것은 매우

이상하고 사실 터무니없는 일이다. 하지만 그럼에도 절망적이지 않다는 것, 적어도 마리아 막달레나에게는 그렇다는 것이 요한복음의 부활 발현 사화에서 드러난다. 그녀는 죽은 이들 가운데에서 예수님을 찾고 있기 때문에 부활하신 주님이 자기 앞에 서계신 것을 전혀 알아채지 못한다. 오히려 그분을 정원지기로 생각하고, 예수님의 시신을 어디에 모셨는지 알려달라고 한다. 예수님이 "마리아야!"(요한 20,16) 하고 이름을 부르시자 비로소 그녀의 눈이 열려, 부활하신 그분, 살아계신 그분을 알아 뵙는다.

예수님은 "마리아야!"라고만 말씀하셨다. 어떤 교의적 가르침도, 도덕적 훈계도 하지 않으시고, 단지 그녀의 이름을 부르셨다. 그리고 그것으로 충분했다. 그분의 목소리를 듣고 "마리아는 돌아서서 히브리 말로 '라뿌니!' 하고 불렀다. 이는 '스승님!'이라는 뜻이다."(요한 20,16) 바로 여기서 그리고 바로 그렇게 부활 체험이 이루어진다. 마리아는 살아계신 분을 죽은 이들 가운데에서 찾다가, 이 살아계신 분이 죽음의 경계 너머에서, 다시 말해 하느님이 약속하신 미래로 들어가는 곳에서 자신의 이름을 부르시는 것을 듣는다. 마리아 막달레나에게는 글자 그대로 '이름이 불리는 것'에서 부활 신앙이 시작된다.

오늘날 그리스도인들이 듣는 기쁜 소식도 주간 첫날 이른 아침에 일어난 이 사건과 결부되어 있다. 개인적으로 이름이 불리는 것, 이는 부활 신앙이 오늘 우리에게도 빛나는 미래를 열어주면서 선사하는 가장 위대한 선물이다. 각자가 이름을 가졌다는 것과 그 이름이 불리는 것이 의미하는 바가 무엇인지는 지난날 나치 강제수용소에 감금되었던 사람들이 잘 알고 있다. 나치의 극악무도한 비인간성은 특히 수감자들의 이름을 지워버리고 그들을 번호로, 말하자면 대체 가능한 기계의 부품으로 전락시킨 것에서 드러났다. 그러한 참혹한 경험에 비추어 고유한 이름을 가졌다는 것, 그리고 마리아 막달레나처럼 부활하신 그리스도께서 자기 이름을 부르신다는 것을 믿음 안에서 아는 것은 큰 선물이며 은총이다. 오늘날 그리스도인들에게도 부활 신앙은 부활하신 그리스도와의 인격적 만남 안에서 그분의 말씀을 듣고 사랑의 응답을 하면서 시작된다.

세례의 죽음에서 부활의 생명으로

우리는 어떻게 이 부활 신앙에 이를 수 있을까? 부활하신 분은 오늘날 어디서 우리의 이름을 부르실까? 주님 부활 대축일은, 부활하신 분께서 우리의 세례 때 되돌릴 수 없는 방식으로 우리 이름을 부르셨다는 기쁜 소식을 전해준다. 그분은 우리가 세례를 받을 때 죽음의 경계 저편에서 각자의 이름을 부르시면서 당신의 죽음과 부활의 파스카 신비 속으로 받아들이셨다. 바오로는 이렇게 선포한다. "여러분은 이미 죽었고, 여러분의 생명은 그리스도와 함께 하느님 안에 숨겨져 있기 때문입니다. 여러분의 생명이신 그리스도께서 나타나실 때, 여러분도 그분과 함께 영광 속에 나타날 것입니다."(콜로 3,3-4)

우리가 세례를 통해 부활의 신비를 더 잘 깨닫도록 바오로는 먼저 세례 지망자가 물속에 잠기는 것을 죽음의 심연에 잠기는 것으로, 다시 말해 먼저 이 심연으로 들어가신 예수 그리스도와 깊이 연대하는 것으로 풀이한다. "우리는 그분의 죽음과 하나 되는 세례를 통하여 그분과 함께 묻혔습니다."(로마 6,4ㄱ) 그리고 물속에 잠겼다가 다시 밖으로 나오는 것을 죽음보다 더 강한 새롭고 영원한 생명을 얻기 위해 깨어나는 것으로, 곧 하느님 영의 능력으로 죽음의 무덤에서 되살아나시어 하느님의 영원한 생명으로 나아가신 그리스도와 깊이 연대하는 것으로 여긴다. "그리스도께서 아버지의 영광을 통하여 죽은 이들 가운데에서 되살아나신 것처럼, 우리도 새로운 삶을 살아가게 되었습니다."(로마 6,4ㄴ)

그러므로 세례를 받는다는 것은 그리스도와 함께 죽고 묻히고, 그리스도와 함께 새 사람으로 부활하는 것을 의미한다. 마리아 막달레나가 주간 첫날 이른 아침에 예수님의 무덤가에서 체험한 그 일이, 예수 그리스도를 통하여 세례의 물에 잠기는 개개인에게 이루어진다. 다시 말해 죽음에서 생명으로 건너가는 것이다. 세례 안에서 각자에게 개인적인 부활이 이루어진다. 부활 날 하느님께서 모든 피조물에게 선포하신 위대한 "예"가 세례 때 각 사람이 응답하는 작은 "예"에서 현실이 된다. 세례는 부활의 무지개처럼 세례받은 이의 삶을 동반하며, 인간 삶의 온전한 미래를 미리 보여주고 죽음 너머의 미래까지 열어준다.

부활절과 세례는 불가분의 관계에 있다. 세례는 파스카 성야 전례에서 특별한 자리를 차지하기 때문이다. 이 거룩한 밤에 예수 그리스도께서 죽음에서 부활의 생명으로 건너가심을 기념하듯이, 세례는 이러한 '죽음에서 생명으로 건너감'에 성사적으로 참여하는 것이다. 그리스도께서 세례받는 이의 이름을 부르시기 때문이다. 그러므로 주님 부활 대축일은 예수 그리스도께서 세례 때 우리 각자의 이름을 부르셨음을 기억하고 새롭게 받아들이도록, 그분과 함께 살도록, 각자의 삶에서 그분을 증언하도록 초대하는 날이기도 하다.

여기서 부활절 세례가, 특히 초대 교회에서 그리스도인의 삶에 지대한 영향을 미친 이유가 밝혀진다. 당시 많은 이교도적 직업, 더 정확히 말해서 배우, 검투사, 점성가, 꿈풀이하는 이, 창녀, 포주 등 이교 제사와 연관된 직업은 세례받은 이에게 더 이상 맞지 않는다고 생각되었다. 그렇기 때문에 초대 교회에서는 세례 지망자들이 그런 일을 포기할 준비가 되어있어야만 받아들여졌다. 그 이면에는 세례가 죄인의 행동 방식을 거부하도록 이끈다는 확신이 깔려 있다. 오늘날에도 세례에서 자연스럽게 도출되는 현대적인 '그리스도인의 거부 목록'을 작성하는 것이 분명 적절할 것이다.[44] 세례의 물을 생각할 때, 죽은 물고기는 강물에 떠내려가지만 살아있는 물고기는 강물을 거슬러 오르는 힘이 있음을 통찰하게 되기 때문이다. 오늘날 사회적으로 당연시하는 세속적 흐름을 거스르는 힘 또한 마찬가지다.

부활의 증인 되기

한편 복음서의 부활 발현 사화는 우리가 부활 체험의 가장 중요한 결과에 주목하게 하고, 마리아 막달레나에게서 그 결과를 보여준다. 부활하신 그리스도와 개인적으로 만난 뒤에 그녀는 다음과 같은 그분의 말씀을 따라 길을 나선다. "내 형제들에게 가서, '나는 내 아버지시며 너희의 아버지신 분, 내 하느님이시며 너희의 하느님이신 분께 올라간다' 하고 전하여라."(요한 20,17) 마리아는 제자들에게 가서 말한다. "제가 주님을 뵈었습니다."(요한 20,18) 이로써 그녀는 주님 부활의 첫 증인이 되었다. 비록 열두 사도에 속하지는 않았더라도 그녀는 예수 그리스도께서 개인적으로 이름을 부르신 것에 응답했고 부활 소식을 전한 첫째 사람이다. 이런 까닭에 교부들은 마리아 막달레나를 '사도들의 사도apostola apostolorum'라고 불렀다.

오늘의 그리스도인도 동일한 결론 앞에 서있다. 우리가 개인적으로 부활을 체험하고 예수 그리스도께서 자신의 이름을 부르신다고 느낄 때, 나 역시 주님을 뵈었음을, 나를 구원하시고 영원한 생명의 몫을 나누어 주시는 그리스도를 만났음을 형제자매들에게 전하도록 파견받는 것이다. 우리에게도 주님의 부활을 전하는 때가 올 것이다. 부활 사건은 이루 말로 다할 수 없을 정도로 엄청난 일이기에 우리는 주님 부활을 말로만 전할 수 없다. 곧 삶으로 증언하도록 요청받는다. 이는 무엇보다 우리가 부활의 삶을 살아가야 함을 의미한다.

요한 복음사가는 여기서 부활로 향하는 기본적인 흐름을 인식하고 있다. 그리스도께서 우리를 위하여 당신 생명을 바치셨고 부활하시어 하느님의 영원한 생명으로 들어가셨듯이, 그리스도인들도 "우리는 형제들을 사랑하기 때문에 우리가 이미 죽음에서 생명으로 건너갔다는 것"(1요한 3,14)을 알고 있다. 사랑은 부활을 인식할 수 있는 가장 명백한 표지다. 부활하신 그분처럼 사랑은 우리 각자의 이름을 부른다. 사랑은 우리의 얼굴을 바라보고, 우리에게 품위를 선사한다. 사랑은 죽음보다 강하기에 죽음을 넘어서는 미래를 열어준다. 사랑은 부활의 메시지를 전하는 가장 아름다운 말이다. 부활하신 그분은 죽음의 경계 너머에서 우리의 이름을 부르시고 당신의 영원한 생명에 참여하게 해주신다.

오늘도 부활 메시지는 사람들이 기다리는 새로운 미래에 대한 희망을 약속한다. 마리아 막달레나처럼 울고 있는 이들에게 우리는 위로가 되는 소식을 전해줄 수 있다. 부활하신 그리스도께서 친히 그들의 이름을 부르신다고, 그들은 대체할 수 있는 숫자가 아니라 세상에서 유일무이한 존재라고 말해줄 수 있다. 그러므로 부활은 하느님이 약속하신 미래를 신뢰할 수 있는 가장 심오한 근거가 된다. 하느님은 부활 날 우리에게 그 미래를 열어주셨고, 우리는 이 미래 없이 살 수 없다. 그렇기에 특히 주님 부활 대축일은 다음과 같은 바오로 사도의 호소를 따를 충분한 이유를 보여준다.

"그러므로 여러분은 그리스도와 함께 다시 살아났으니, 저 위에 있는 것을 추구하십시오. 거기에는 그리스도께서 하느님의 오른쪽에 앉아계십니다. 위에 있는 것을 생각하고 땅에 있는 것은 생각하지 마십시오."(콜로 3,1-2)

11

부활 팔일 축제의 묵상

부활하신 그리스도와의 만남

오늘날에도 부활 체험이 가능한가?

"나는 그 소식(기쁜 소식, 복음)을 듣지만, 내게는 믿음이 부족하네."• 괴테Goethe의 대작 「파우스트」에서 주인공 파우스트가 한 이 말에 오늘날 많은 사람이, 심지어 일부 그리스도인들도 동의할 것이다. 이 말은 부활 메시지를 들으면서 느끼는 어려움을 표현하는 동시

• 부활 주일 아침에 "그리스도 부활하셨네!"로 시작하는 천사들의 합창을 들으면서 파우스트가 한 말이다 - 옮긴이.

에 깊은 진실을 담고 있다. 믿음 없이는, 오늘날 그리스도인들도 부활 메시지를 전혀 또는 거의 이해하지 못할 것이기 때문이다. 믿음이 없다면 부활 메시지는 그저 상투적인 말에 불과하다고 여겨질 것이다. 하느님께서 당신의 외아드님을 죽음에 버려두지 않으시고 영원한 생명으로 불러내셨으며, 죽음이 마지막 말이 아니라 생명을 마지막 말이 되게 하셨다는 믿음만이 부활 메시지를 아주 특별한 메시지로, 말 그대로 복음으로 만든다.

"나는 그 소식을 듣지만, 내게는 믿음이 부족하네." 이 말 뒤에는 우리가 부활 메시지를 들을 때 믿음이 부족하다는 솔직한 고백만이 아니라 실제로 그것을 믿고 이해할 수 없다는 의미가 숨어있다. 또한 오늘날 우리는 부활 메시지를 듣기만 할 뿐 부활을 체험하지는 못하며, 실제로 부활을 체험할 수 있다면 분명 더 쉽게 믿을 수 있을 거라는 체념 섞인 인식도 읽어낼 수 있다. 우리는 첫 부활 증인들을 조금은 시샘하는 눈으로 바라보면서 그들이 훨씬 더 수월하게 믿음을 갖게 된 것은 당시에 그 자리에 있었기 때문이고, 다른 사람들의 말을 전해들은 것만 아니라 부활을 직접 체험할 수 있었기 때문일 거라고 생각한다. 첫 부활 증인들 역시, 부활 소식을 듣는 것만으로는 충분하지 않았고 믿기 위해 부활을 체험해야 했다는 것을 우리에게 보여준다. 그러나 당시와 달리, 이는 오늘날 더 이상 가능하지 않다. 적어도 그렇게 보인다.

이 차이를 생각하다 보면 즉시 반문이 고개를 쳐든다. "당시에 살았다고 해서 부활하신 그리스도에 대한 믿음을 더 쉽게 가질 수 있었을 거라고 누가 감히 주장할 수 있겠는가?" "제자들은 당시에 부활을 직접 체험했지만 오늘날에는 부활 체험이 더 이상 가능하지 않다는 것을 무슨 근거로 말할 수 있는가?"

여기에 요한 복음사가가 깊이 고민한 중요한 질문이 들어있다. 요한과 그의 공동체는 예수님의 지상 생활과 부활 발현을 직접 목격하지 않은 사람들이 부활하신 그리스도에 대한 믿음을 어떻게 지닐 수 있으며, 예수님이 살아계시고 부활하신 분으로서 그들 가운데 현존하신다는 것을 어떻게 체험할 수 있는가 하는 중요한 문제에 몰두했다. 이 긴급한 질문 안에 요한 복음사가가 부활하신 분과 제자들의 만남을 상세히 보도한 이유가 들어있을 것이다. 여기서 드러나는 것은 무엇일까?

부활 체험은 선물로 주어지는 것이다

무엇보다도 복음서는 오늘날에도 우리 스스로는 부활 체험을 할 수 없다는 점을 분명히 한다. 유다인들이 두려워 문을 모두 잠가 놓고 있던 제자들의 모습이 그것을 말해준다. 그들은 주님이요 스승이신 분의 죽음으로 인해 두려움과 절망에 빠져 고립의 방에 스스로 갇혀있었다. 이 방은 오직 부활하신 분께서 두려움의 감옥을 깨뜨리고 들어오실 때에야 비로소 밖으로부터 열린다. 그리고 그분은 제자들을 두려움과 고립에서 해방시키는 평화의 인사를 건네신다. “평화가 너희와 함께!”(요한 20,19) 부활 체험의 주도권은 그리스도에게서 나오는 것이 분명하다. 부활하신 그분이 새롭게 현존하시면서 주시는 선물은 제자들이 느낀 절망과 두려움을 기쁨으로 바꾼다. “제자들은 주님을 뵙고 기뻐하였다.”(요한 20,20)

그렇다, 부활에 대한 첫 번째 응답은 큰 기쁨이다. 신약성경의 구세사가 이미 기쁨으로, 곧 가브리엘 천사가 마리아에게 건넨 “기뻐하여라”(루카 1,28)라는 인사와 함께 시작되듯이 말이다. 그리스도교는, 더 정확히 말해서 부활 사건으로부터 탄생한 그리스도교는 기쁨의 종교다.

부활하신 예수님이 주시는 기쁨을 더 잘 이해하려면, 먼저 그분이 주시는 부활 선물을 어디서 볼 수 있는지 깊이 생각해 보아야 한다. 이 선물은 제자들이 받은 사명에서 드러난다. 부활하신 예수님은 제자들에게 평화의 인사를 건네신 뒤에 이렇게 말씀하신다. “너희가 누구의 죄든지 용서해 주면 그가 용서를 받을 것이고, 그대로 두면 그대로 남아있을 것이다.”(요한 20,23) 부활하신 예수님이 제자들에게 주신 첫 번째 사명은 죄를 용서하는 권한이다. 이제 그들은 죄의 용서를 선포하기 위해 파견된다.

제자들이 이 사명을 수행할 수 있도록 부활하신 예수님은 그들에게 성령을 주신다. 곧 그들을 파견하시기 전에 숨을 불어넣으시며 "성령을 받아라"(요한 20,22) 하고 말씀하신다. 이 말씀은 하느님께서 사람을 창조하실 때 하신 행위를 연상하게 한다. 하느님은 흙으로 사람을 빚으시고 당신 숨을 불어넣으시어 그에게 생명을 주셨다. 제자들도 사명을 수행하기 위해서는 성령께 의탁해야 한다. 그들은 오직 성령의 힘으로만, 영적 권한으로만 이 사명을 수행할 수 있다.

보지 않고도 믿기

부활을 체험하려면 자신이 아니라 부활하신 예수님을 주목해야 한다. 이는 그분이 토마스와 만나시는 장면에서 극명해진다. 토마스는 명확한 증거를 얻어야만 그분의 부활을 믿을 수 있었다. 그리고 예수님은 기꺼이 그가 당신을 보고 만지도록 허락하신다. 그러나 이것만으로 믿음이 불러일으켜진 것은 아니다. "나는 그 소식을 듣지만, 내게는 믿음이 부족하네." 오히려 토마스는 주님께서 자신에게 직접 말씀을 건네셨기에 비로소 믿음에 이른다. 이렇게 주님께서 자신에게 친히 건네신 말씀과 그분의 자비에 마음이 크게 움직인 토마스는 예수님을 부활하신 분으로 인식하고 외친다. "저의 주님, 저의 하느님!"(요한 20,28)

토마스의 이 고백은 깊은 부활 체험에 근거한, 가장 근본적이면서도 아름다운 신앙고백이다. 주님과의 인격적 만남으로 그의 눈이 열려 믿게 되었고, 그리하여 볼 수 있게 되었다. 여기서 주님의 복된 말씀이 실현된다. "보지 않고도 믿는 사람은 행복하다."(요한 20,29) 요한복음의 말미에 명시되어 있듯이, 오늘날에도 이러한 믿음은 매우 중요하다. "예수님께서는 이 책에 기록되지 않은 다른 많은 표징도 제자들 앞에서 일으키셨다. 이것들을 기록한 목적은 예수님께서 메시아시며 하느님의 아드님이심을 여러분이 믿고, 또 그렇게 믿어서 그분의 이름으로 생명을 얻게 하려는 것이다."(요한 20,30-31)

부활하신 예수님의 발현 사화는 모두 '믿게 하기 위한 것'으로 귀결된다. 특히 토마스의 경우가 그렇다. 실제로 보지 않고도 믿는 사람은 행복하다. 그렇지만 이는 바로 오늘날 그리스도인들이 직면한 상황이다. 이러한 상황에서 복음서는 우리도 믿음에 이를 수 있도록 도움을 주고자 한다. 이것이 어떻게 가능할까?

무엇보다도 토마스가 스스로 혼자서 믿음에 이른 것이 아님을 생각해야 한다. 그는 그리스도께서 중심에 계시는 제자 공동체 안에서 믿음에 이른다. 부활하신 분께서 제자들이 모여있는 곳에 오시어 현존하심으로써 그들의 두려움을 없애주신다. 제자들이 함께 모인 곳, 부활하신 분이 그 중심에 계신 곳이 그들이 믿음에 이르는 장소다. 제자들이 모여 문을 잠가놓고 숨어있던 그 방에서 부활하신 그리스도에 대한 믿음이 탄생했다. 동일한 일이 오늘날에도 일어날 수 있다. 그리스도인들이 주일에 모여 하느님의 말씀을 듣고 성찬례를 거행하며 부활의 신비를 기릴 때가 그러하다. 그리스도교 공동체가 주일에 모이는 곳에서 오늘날에도 새롭게 믿음이 탄생할 수 있다.

부활하신 예수님이
엠마오로 가는 두 제자에게 나타나시다

루카 복음사가는 두 제자가 엠마오로 가는 길에 부활하신 예수님을 만난 사건에 관해 상세히 보도한다. '엠마오 이야기'는 신약성경 전체에서 가장 긴 부활 사화일 뿐 아니라, 루카복음서 부활 발현 본문의 절반 이상을 차지한다. 이 이야기를 통해 루카 복음사가는 우리도 부활을 체험할 수 있도록 도와주고, 오늘날에도 부활 체험이 가능한 방향을 제시한다.

예수님은 엠마오로 가는 두 제자에게 성경을 설명해 주셨다. "그리스도는 그러한 고난을 겪고서 자기의 영광 속에 들어가야 하는 것이 아니냐?"(루카 24,26) 이렇게 예수님은 그들에게 부활의 심오한 진리를 밝혀주신다. 부활 이전에 제자들은 예수님을 통해 하느님의 나라가 영광과 승리 속에 오기를 기다렸고, 그렇게 되지 않은 것에 크게 실망했을 것이다. 그러나 엠마오로 가면서 자신들의 기대가 완전히 다른 방향에서 실현되었다는 것을 알게 된다. 하느님의 영광은 인간의 가난한 모습으로, 더 정확히 말해서 고난과 십자가의 방식으로, 죽음을 겪은 후에야 부활로써 드러난다는 것을 깨닫게 된 것이다.

엠마오로 가는 길에서 예수님이 성경을 풀이해 주셨을 때 두 제자의 마음은 타올랐다. 그래서 그들은 자신들과 함께 묵자며 예수님을 붙들었고, 드디어 부활하신 분께서 당신 자신을 완전히 드러내신다. "그들과 함께 식탁에 앉으셨을 때, 예수님께서는 빵을 들고 찬미를 드리신 다음 그것을 떼어 그들에게 나누어 주셨다. 그러자 그들의 눈이 열려 예수님을 알아보았다."(루카 24,30-31)

이렇게 주님께서 빵을 떼어 나누어 주실 때, 두 제자는 그분을 다시 알아보았다. 이 이야기로 복음사가는 오늘날에도 어디서 어떻게 부활을 체험할 수 있는지 보여주고자 한다. 부활하신 그리스도와의 인격적 만남은 그리스도교 공동체 안에서 성경 말씀을 들을 때, 성찬례 거행으로 빵을 떼어 나눌 때 이루어진다. 부활하신 그리스도는 오늘도 말씀과 성체성사를 통해 당신 생명의 힘과 빛을 선사하신다. 이는 의심할 여지 없이 가장 기본적인 부활 체험이다.

그러나 부활 체험이 이루어지는 곳은 전례가 거행되는 공간으로만 국한되지 않는다. 부활하신 그리스도께서는 엠마오로 가던 두 제자가 비록 당신을 알아보지 못했어도 당신이 늘 그들과 함께 걷는 분임을 깨닫게 해주셨듯이, 오늘도 일상에서 당신을 따르는 이들과 동행하신다. '엠마오 이야기'는 우리가 일상을 살아가면서도 부활 체험을 할 수 있도록 고무시켜 준다. 두 제자는 주간 첫날(부활 날) 예루살렘을 떠나 엠마오로 가면서 그동안 일어난 모든 일에 관하여 서로 이야기한다. 진지하게 질문도 하고 의혹도 품지만, 아무도 이에 대해 시원하게 대답해 줄 이가 없었다. 불안한 맘으로 고개를 숙인 채 희망 없는 대화를 나누며 길을 가는 두 제자에게서 우리 모습을 발견하는 것은 어렵지 않을 것이다. 두 제자가 간 길은 질문과 기대, 좌절된 희망으로 가득한 길이었기 때문이다. 이 길은 종종 오늘날 우리 그리스도인들이 걷는 길이기도 하다.

그럼에도 이 길은, 엠마오로 가던 두 제자에게서 볼 수 있듯이 희망이 있다. 그들은 이 길에서 자신들이 알지 못하는 낯선 이와 함께 가기 때문이다. 이는 우리 삶에서도 종종 일어난다. 우리가 먼저 알아보지 못하더라도, 우리 삶에 빛과 희망을 가져다주는 분이 우리를 지탱해 주고 계심을 알 수 있다. 우리에게 필요한 것은 당신 자신을 드러내지 않으시는 그분과 함께 길을 계속 가는 것, 그리고 그분께서 당신을 알아보게 하시는 곳으로 인도하시도록 내맡기는 것이다. 그분의 말씀을 들을 때 그리고 그분께서 빵을 쪼개실 때 우리는 그분을 알아볼 수 있다.

식사 때 주님의 현존을 체험하면서 두 제자의 상황은 완전히 달라졌다. "이전까지 슬프고 우울한 분위기였다면, 지금은 돌연 기쁨으로 바뀌었다. 본문에는 이제 기쁨과 활기가 넘쳐흐른다."[45] 그러므로 엠마오로 가는 길은 결국 큰 기쁨으로 가는 길이 되었다. 오늘날에도 그렇게 될 수 있다.

기쁨의 분출구인 부활 체험

예수 그리스도께서 죽음을 이기고 부활하신 것은 '사흗날'에 이루어졌다. 하느님께서 당신이 택하신 이스라엘 백성과 시나이산에서 계약을 맺으신 사건에 비추어 보면, 사흗날은 하느님께서 모습을 드러내신 날, 하느님께서 완전한 영광 속에 나타나신 날을 의미한다. 이러한 성경적 관점으로 바라볼 때, 그리스도께서 사흗날에 부활하셨다는 시간적 언급은 곧 하느님께서 궁극적으로 우리 인간의 역사 속으로 들어오셨고 당신의 권능으로 역사를 이끄신다는 기쁜 소식을 의미한다. 이는 죽음의 보편적 법칙이 세상의 궁극적인 힘이 아니라, 바로 하느님이 시작이요 마침이신 분이라는 것을 의미한다. 예수 그리스도께서 죽음을 이기고 부활하신 것은 하느님께서 궁극적으로 당신의 모습을 드러내신 것이고, 따라서 마지막을 가리키는 말이 죽음이냐 생명이냐 하는 물음에 대한 확고한 답변이다.

그러므로 부활 메시지는 간명한 말로 요약될 수 있다. "주님이십니다."(요한 21,7) 우리가 이것을 알아듣는다면 오늘날에도 가장 근본적인 부활 체험을 할 수 있다. 이 메시지를 들으며 보호받음을 느끼는 사람은, 문을 모두 잠가놓고 있던 제자들이나 엠마오로 가는 두 제자가 느꼈던 두려움에 더 이상 휩싸이지 않는다. 오히려 그의 삶은 부활하신 그리스도께서 주시는 내적 평화로 가득 찬다. 그 평화는 두려움을 기쁨으로 바꾸어 준다. "제자들은 주님을 뵙고 기뻐하였다."(요한 20,20)

부활의 기쁨은 예수님이 제자들과 작별하시며 고별담화에서 하신 약속이 실현되었음을 가시적으로 드러낸다. 그분은 가셔야 하지만 다시 그들에게 돌아오실 거라고 약속하셨고, 이는 부활 날 이루어졌으며 오늘날에도 이루어지고 있다. 그러므로 오늘날에도 부활 체험이 가능하다. 그리스도께서는 부활하셨고, 그분을 뵙고 "주님이십니다"라고 고백하는 체험이 우리가 부활의 기쁨을 누리는 근거가 된다.

12

부활, 그리스도교 신앙의 핵심

50일간 지속되는 부활 시기의 메시지

"네가 배를 만들고자 한다면, 목재를 조달하고 도구를 준비하며 임무를 주고 역할을 분담하기 위해 사람들을 불러 모으지 마라. 오히려 그들에게 끝없이 광활한 바다에 대한 갈망을 불러일으켜라." 프랑스 소설가이자 항공기 조종사인 앙투안 드 생텍쥐페리Antoine de Saint-Exupéry가 말한 이 삶의 지혜를 그리스도인의 삶과 사명에 적용해 보면, 의미가 이렇게 바뀔 것이다. 곧 오늘날에는 사람들에게 현세적 삶을 계획하게 하는 것보다 드넓은 바다에 대한 갈망, 다시 말해 하느님 곁에서 누리는 영원한 생명에 대한 갈망을 불러일으키는 것이 훨씬 더 중요하다.

영원한 생명에 대한 갈망?

이 새로운 이정표는 오늘날 많은 그리스도인이 지닌 통상적인 의식과 어긋나는 것은 아닐까? 우리는 일상에서만 아니라 신앙과 교회 생활에서도, 끝없이 광활한 바다에 대한 갈망 곧 영원한 생명에 대한 갈망을 불러일으키는 것보다 사람들을 불러 모으고 일을 분배하는 것을 훨씬 더 중요하게 여기지는 않는가? 교회 전례력에서 가장 중요한 축제인 부활 축제는 우리에게 이 영원한 생명에 대한 갈망을 일으키는가?

많은 그리스도인이 이런 태도를 지니게 된 원인은 그리스도의 부활에 대한 메시지와 그들 자신의 영원한 생명에 대한 기대가 많이 흐려진 데에 있을 것이다. 최근의 연구에 따르면, 유럽에서는 영원한 생명에 대한 믿음이 불확실해진 측면이 우세하다. 이 같은 추세는 다양하게 해석되고 있다. 어떤 사람들은 죽음과 함께 모든 게 끝나고 무無로 돌아갈 거라고 생각한다. 누군가는 죽음 이후에 환생과 윤회의 형태로 다시 태어나는 것을 기대한다. 또 다른 사람들은 살면서 죽음에 대해 그다지 생각하지 않는다. 일부 사람들은 '아마도…'라는 말 이상으로 나아가지 못한다. 그리고 죽음을 맞이하게 되면 프랑스의 풍자작가 프랑수아 라블레François Rabelais가 죽어가며 남긴 마지막 말을 읊조릴 것이다. "이제 나는 위대한 '아마도…'를 보러 간다."

이러한 연구는 교회가 오늘의 사람들에게 죽음을, 특히 죽음 이후의 삶을 해석하고 죽음에 대한 메시지를 전하는 일이 얼마나 어려운지 보여준다. 이런 점에서 오늘날의 교회는 초대 교회와 상당히 다르다. 초대 교회는 예수 그리스도께서 죽음을 이기고 부활하시어 하느님과 함께 영원한 생명을 누리신다고 전하는 그리스도교 신앙과 우리가 이 부활의 완성에 참여한다는 믿음을 진지하게 받아들이는 것이 중요하다고 굳게 확신했다. 초기 그리스도인들은 예수 그리스도의 부활과 그에 따른 인간의 영원한 생명에 대한 믿음이 신앙고백의 가장 중요한 핵심을 이루고 있으며, 이는 그들의 신앙에 단순히 부가적인 것이 아니라 오히려 단호하게 하느님에 대한 믿음을 증명할 수 있는 결정적인 시금석이라는 것을 철저히 의식했다.

그리스도교 신앙의 시금석

자신들이 부활하리라는 믿음을 받아들이려 하지 않은 코린토 신자들에게 바오로는 다음과 같이 명확히 썼다. "죽은 이들의 부활이 없다면 그리스도께서도 되살아나지 않으셨을 것입니다. 그리스도께서 되살아나지 않으셨다면, 우리의 복음 선포도 헛되고 여러분의 믿음도 헛됩니다."(1코린 15,13-14) 이어서 같은 어조로 강조한다. "죽은 이들이 되살아나지 않는다면 그리스도께서도 되살아나지 않으셨을 것입니다. 그리스도께서도 되살아나지 않으셨다면, 여러분의 믿음은 덧없고 여러분 자신은 아직도 여러분이 지은 죄 안에 있을 것입니다."(1코린 15,16-17) 사도시대 교회는 이러한 근본적 확신을 간명하게 표현했다. "부활을 없애버리면, 그 즉시 그리스도교는 무너진다."[46] 그리스도교 신앙의 핵심이 부활에 대한 믿음이라는 것은 여러 관점에서 드러난다.

첫째, 죽음 이후의 영원한 생명에 대한 그리스도교 신앙은 무엇보다도 인간 삶 속에서 희망이 지탱될 수 있는 근본적인 중요성을 지닌다. 우리가 현세적 삶에 대한 희망만 품고 있다면, 이 희망은 도대체 어떤 것일까? 이 희망이 지닌 유일한 힘이 결국 우리를 무덤 속 죽음으로 데려가는 것이라면, 우리는 바오로가 정확히 말하듯이 "모든 인간 가운데에서 가장 불쌍한 사람"(1코린 15,19)일 것이다. 그러나 그리스도인의 희망은 그 이름에 합당하게 훨씬 더 긴 호흡을 한다. 그리스도인의 희망은 그 참됨이 입증되었고, 죽음을 넘어선다. 진실한 사랑은 영원을 바라기 때문이다. 프랑스 작가 가브리엘 마르셀Gabriel Marcel이 언젠가 지당하게 강조했듯이, 누군가를 진정으로 사랑한다는 것은 그가 죽지 않을 거라고 말해주는 것이다. 참된 희망은 죽은 이가 영원한 생명을 얻기를 바라는 것이다. 하느님의 무한한 사랑은 모든 이에게 무한한 영원을 바라신다. 이것이 죽음에서 일으켜진 예수 그리스도의 부활을 통하여 우리에게 약속된 부활의 메시지다.

둘째, 그리스도교의 부활 신앙은 하느님께 대한 믿음을 근본적으로 중요하게 여긴다. 만약 하느님이 당신의 끝없는 사랑을 사람들에게 전하신 외아드님을 죽음에 버려두셨다면, 그분은 도대체 어떤 하느님일까? 당신의 아드님을 따르고 풍요로운 생명에 대한 약속을 굳게 믿은 이들의 희망을 저버리는 하느님이라면, 그분은 과연 어떤 하느님일까? 사람들의 짧은 지상 삶 동안에만 신의를 지키고 그들의 죽음 앞에서는 뒤로 물러나 등을 돌리는 하느님이라면, 그분은 어떤 하느님일까? 이런 존재는 가련한 우상일 뿐, 그리스도교가 전하는 자비의 하느님이 아닐 것이다. 부활을 부인한 사두가이들에게 예수님은 하느님에 관해서 매우 설득력 있게 말씀하셨다. "그리고 죽은 이들이 되살아난다는 사실은, 모세도 떨기나무 대목에서 '주님은 아브라함의 하느님, 이사악의 하느님, 야곱의 하느님'이라는 말로 이미 밝혀주었다. 그분은 죽은 이들의 하느님이 아니라 산 이들의 하느님이시다. 사실 하느님께는 모든 사람이 살아 있는 것이다."(루카 20,37-38)

그리스도교 신앙에서 드러난 하느님은 언제나 신실하시고 특히 인간의 죽음 너머에서 그러하시다. 생명의 하느님은 우리가 온전히 홀로 겪는 죽음의 때에도 우리와 함께 계시며, 계속 함께하실 것이다. 하느님은 우리가 멀리 떠났다가 돌아올 때에도 우리를 지켜주신다. 시편 121편은 이러한 위로가 담긴 약속을 아름답게 노래한다. "그분께서는 네 발이 비틀거리지 않게 하시고 너를 지키시는 그분께서는 졸지도 않으신다. 보라, 이스라엘을 지키시는 분께서는 졸지도 않으시고 잠들지도 않으신다."(시편 121,3-4)

고대 이스라엘에서 성전을 방문한 순례자는 이 말씀을 마음에 새기며 그곳을 떠났다. 하느님의 보호는 성전 문지방을 넘을 때 끝나지 않기 때문이다. 순례자가 일상으로 돌아가더라도 하느님께서는 그와 함께하실 것이다. 인간이 궁극적이고 영원한 생명을 향한 마지막 길을 떠날 때에도 하느님의 보호는 그치지 않을 것이다. 인간이 잠들게 되면(죽으면), 하느님께서는 잠들지 않고 깨어계시며 산 이들과 죽은 이들을 바라보신다는 것을 알게 될 것이다.

부활에 대한 믿음은 인간의 존엄성을 지켜준다

개개인이 누리게 될 영원한 생명에 대한 그리스도교의 믿음은 현대 사회에서 인간 삶의 침해할 수 없는 존엄성과 관련해 결정적으로 중요한 요소이기도 하다. 이는 성경에서 영원한 생명에 대한 희망이 역사적으로 전개된 과정에서 이미 알 수 있다. 오늘날 그리스도인들이 놀랄 수 있지만, 성경 전통에서 죽음 이후의 생명에 대한 믿음은 비교적 늦게 형성된 것으로 드러난다. 이 영원한 생명에 대한 희망이 싹트는 데 중요한 출발점이 된 것은 마카베오기에 나오는 일곱 형제의 순교다. 그들은 순교로 믿음을 지켰고 믿음을 위해서 생명을 바쳤다. 하느님이 자신들을 구원해 주시리라고 믿었기 때문이다. 일곱 형제 가운데 넷째는 그 확신을 분명하게 표현했다. "하느님께서 다시 일으켜 주시리라는 희망을 간직하고, 사람들의 손에 죽는 것이 더 낫소."(2마카 7,14)

부활에 대한 희망이 생겨난 것은 무엇보다 바빌론 유배

이후 민족 전체로부터 개인의 개별화가 이루어진 것과 연관이 있다. 부활 희망이 싹트는 데 결정적인 출발점은 개인이 사회로부터 독립하게 된 것, 다시 말해 "개인이 사회적 삶의 연관 속에 흡수되지 않고, 개인적인 존재를 위한 고유한 삶의 의미 곧 개인 자신 안에서 실현되는 의미를 요구하는 삶의 태도"[47]였다. 이러한 확신과 함께 대전환이 시작되고, 개개인은 하느님 앞에서 무한한 존엄성을 지닌다는 견해에 이르게 된다. 이는 사회에 대해서도 개인의 파괴할 수 없는 존엄성을 이루는 토대가 된다. 개인의 존엄성과 자유에 대한 확신은 죽음을 넘어 생명으로 나아가려는 인간의 희망과 긴밀히 연관되어 있다.

그러므로 성경이 전하는 부활에 대한 희망과 개인의 존엄성에 대한 확신은 역사적 연관성이 있다. 그리고 이는, 오늘날 사후의 생명에 대한 믿음이 점차 사라지고 죽음과 영원한 생명에 대한 근원적이고 종교적인 물음이 제기되지 않는 것은 현대 사회의 발전에 경종을 울리는 현상이며, 또한 개인의 자유와 존엄성의 토대를 무너뜨리는 의미를 내포한다는 것을 시사한다. 왜냐하면 결국 영원한 생명에 대한 희망만이 모든 사회적 강요에 맞서 개개인의 자유를 위한 기반을 마련할 수 있으며, 또한 잉태될 때부터 마지막 숨을 거둘 때까지 인간 생명의 존중을 위한 굳건한 토대를 세울 수 있기 때문이다.

부활에 대한 희망과 이 세상에서의 책임

죽음의 경계를 넘어 하느님 안에서 생명이 완성된다는 희망은 그리스도인들에게 이 세상에서의 사명으로부터 결코 눈을 돌리게 하지 않는다. 오히려 그 희망은 우리가 이 사명을 마주하도록 초대한다. 이 초대 역시 앞에서 생텍쥐페리가 말한 삶의 지혜에 내포되어 있다. 배를 만들고자 한다면 목재를 조달하고 도구를 준비하며 임무를 주고 역할을 분담하는 대신에 사람들에게 끝없이 광활한 바다에 대한 갈망을 불러일으키는 것이 더 낫다는 것이다. 그렇게 드넓은 바다에 대한 갈망을 품은 사람들은 지체 없이 일하러 가서 배를 만들 것이기 때문이다. 마찬가지로 그리스도인이 하느님 안에서 영원한 생명을 누릴 것이라는 희망은 결코 현세적 삶을 바라보는 시야를 흐리게 하지 않는다. 오히려 이미 많은 그리스도인이 그렇게 했듯이, 우리가 현대 사회에서 인간의 존엄성을 위해 투신할 힘을 준다.

예를 들면 수도회를 비롯한 영적 공동체들을 떠올릴 수 있다. 그곳에 몸담은 이들은 영원한 생명을 누리는 천상 고향을 갈망했으며, 이런 까닭에 지상의 고향을 떠나 낯선 땅에서 나그네로서 그리스도를 찾고 또 그분을 증언할 수 있었다. 바로 이 과정에서 그들은 교양을 갖추고 깨인 이들이 되었다. 베네딕토 성인이 제시한 영적 지침인 "기도하고 일하라Ora et labora"에 모범적으로 표현되어 있듯이 말이다. 마찬가지로 오늘날에도 그리스도교의 부활에 대한 희망은 그리스도인들에게 이웃 사랑을 실천하도록, 이 세상에서의 실제적 책임을 낳는다.

영원히 사랑받는 것

그리스도인의 이웃 사랑은 사랑 자체이신 하느님께 대한 합당한 응답이다. 하느님은 우리에게 영원한 생명을 선사하시면서 궁극적으로 그 몫을(하느님 자신인 그 사랑을) 나누어 주셨다. 이로써 우리는 부활에 대한 희망, 곧 죽음을 넘어 생명으로 나아가는 가장 중요한 요소와 마주한다. 영원한 생명의 본질은 바로 하느님 자신이시다. 이 하느님에 관해서 스위스의 저명한 신학자 한스 우르스 폰 발타사르Hans Urs von Balthasar가 간명하게 표현한다. "하느님은 피조물에게 '마지막 존재'이시다. 하느님은 얻은 자에게는 천국이고, 잃은 자에게는 지옥이며, 시험하는 분으로서 심판이고, 정화하는 분으로서 연옥이다."[48] 우리는 하느님을 얻어 영원히 체험하리라는 것, 죽음 이후의 삶은 우리에게 하느님 곁에 영원히 머물고 사랑이신 그분 안에서 안식을 누림을 의미하리라는 것, 바로 이것이 그리스도인 삶의 핵심이다.

이 부활 신앙의 빛 속에서 영원한 생명은 사랑이신 하느님의 선물이며, 인간 스스로의 힘으로는 결코 얻을 수 없다는 것을 깨닫게 된다. 불멸은 인간이 이룰 수 있는 것도, 자연적으로 주어진 것도 아니다. 오히려 그것은 대화의 특성을 지닌다. 베네딕토 16세 교황은 이렇게 강조한다. "불멸하는 것은 죽지 않고 분리되지 않는 존재의 당연함에서 나오는 게 아니라, 그러한 권능을 지닌 사랑이신 그분의 구원 행위에서 나오는 것이다. 인간은 하느님께 받아들여지고 사랑받기에 더 이상 완전히 몰락하지 않는다. 인간의 사랑은 영원하기를 바란다. 그러나 하느님의 사랑은 영원을 바라는 것에 그치지 않고, 영원하도록 작용하고 또 그 자체로 영원하다."[49]

하느님의 피조물인 신앙인은 멸망하지 않고 영원히 살 것이다. 하느님은 살아있는 이들의 하느님이시고, 당신 피조물을 사랑 안에서 영원히 그 이름으로 부르시기 때문이다. 영원한 생명은 무엇보다 살아계신 하느님의 선물이다. 하느님은 불멸하시기 때문이다. 더 정확히 말하면, 불멸하는 것은 삼위일체이신 하느님의 생명 안에서 영원한 관계를 이루기 때문이다.

영원히 사랑받는다는 희망은, 예수 그리스도께서 죽음에서 부활하셨고 우리가 세례를 통해 그 부활에 동참한다는 그리스도교 신앙의 가장 중요한 핵심이다. 오십 일간 지속되는 부활 시기는 우리가 이 신앙고백에 관해 깊이 생각하고 이 신앙고백이 삶 속에 새롭게 스며들도록 초대한다. '50'이라는 숫자는 7일을 7주간 곱하고, 마지막 날인 하루를 추가하여(7×7+1) 나온 것으로, 부활절은 하느님이 인간과 함께 만드신 역사 전체의 절정을 이룬다는 것을 내비친다. 이 신비는 그토록 숭고하기에 이를 깊이 묵상하고 심화하는 시간이 반드시 필요하다.

그리스도인들은 오십 일간 이어지는 부활 시기를 기쁘게 지내고 성찬례를 거행하면서 부활에 대한 희망을 강화할 수 있다. 성찬례 안에 예수 그리스도의 죽음과 부활의 신비가 현존하기에, 우리는 지금 앞당겨 파스카 신비에 참여할 수 있다. 성체성사를 통해 '영원한 생명에 이르게' 해주시길 청하며, 우리는 이미 지금 하느님 안에서 영원한 생명을 기리고, 불멸의 귀한 약인 '불사의 명약'을 선물로 받는다. 따라서 부활 시기에 거행되는 성찬례는 이미 '파루시아' 곧 주님의 재림이다. 동시에 이 성찬례는 우리에게 끝없이 광활한 바다에 대한 갈망, 곧 하느님 안에서 누리는 영원한 생명에 대한 갈망을 불러일으킨다.

13

주님 승천 대축일의 위로

작별과 새로운 출발

"작별하는 것은 늘 조금씩 죽어가는 것과 같다." 이 프랑스 속담은 모든 작별에는 슬픔과 우울함이 깃들어 있다는 인간의 경험을 표현한다. 사람들은 가까운 친구들과 함께 보낸 좋은 시간을 떠올리곤 한다. 그렇지만 작별의 시간이 오면, 함께 경험한 것을 감사하게 여기면서도 이별의 고통이 앞선다. 이별할 때에는 많은 것들을, 곧 사랑하는 사람들, 아름다운 풍광, 소중한 것들을 뒤로해야 하기 때문이다. 사랑하는 사람이 세상을 떠나 우리 곁에 없을 때, 이별의 고통과 슬픔은 더욱 견디기 힘들다.

주님의 부재인가 아니면 그분의 새로운 현존인가?

주님 승천 대축일에 봉독되는 성경 말씀의 중심에는 이별도 있다. 예수님은 제자들과 이 세상을 떠나 하늘의 아버지께 돌아가야 하고, 제자들은 자신들이 따랐던 주님이자 스승을 이제 놓아드려야 한다. 이런 맥락에서 적잖은 사람들이 주님의 승천을 잘못 생각하는 것은 놀랄 만한 일이 아닐 것이다. 그들은 그리스도께서 이 세상을 떠나셨으니 이제부터는 그분 없이 살아야 한다고 생각한다. 또 다른 사람들은, 하느님은 이 세상에 숨어계시고 예수님은 숨어계신 하느님 안으로 들어가 사라지셨다는 생각에 갇혀있다.

오늘날은 초월적이고 신적인 것을 열심히 찾는 시대가 아니다. 오히려 이러한 현실을 어느 정도 망각하거나 무감각해진 모습이 보인다. 하느님이 이 세상에서 활동하시고 사람들을 돌보신다는 것을 많은 사람이 거의 상상하지 못한다. 이는 오늘날의 사람들이 더 이상 신적 존재를 믿지 않는다는 말이 아니다. 그러나 문제는 하느님이 우리 인간의 역사 속에 현존하시는 분으로 더 이상 거의 인식되지 않는다는 것이다.

17세기 영국의 철학자이자 사회이론가인 토머스 홉스(Thomas Hobbes, 1588–1679)는 이미 그런 방향으로 사상을 발전시켰다. 성경이 그리스도의 승천에 관해 보도한 내용을 그는 이렇게 해석했다. "그리스도는 이 모든 대상, 즉 법과 정치와 자연과학에 관해 다음과 같이 설명하셨다. 개별 시민들이 소송할 때 이와 관련된 법률과 국가의 판결에 순종해야 하는 것에 이르기까지, 그에 관한 규정과 명제를 제시하는 것은 당신의 직무에 속하지 않는다고 하셨다."[50] 곧 그리스도는 지상을 떠나 하늘로 돌아가신 뒤에 공적 권한을 더 이상 행사하지 않으셨고, 따라서 세상의 법칙을 세상에 양도하셨다는 것이다. 그렇기 때문에 홉스는 그리스도께서 종말 때에야 다시 공적 권한을 행사하실 것이며, 그분의 승천과 재림 사이에는 내세와 인간의 내면에만 그분 왕국이 존재할 거라고 확신했다.

그리스도의 승천을 이러한 시각으로 바라보는 것은 물

론 성경의 보도에 완전히 어긋난다. 성경의 보도에 따르면, 예수님은 승천하시기 전에 갈릴래아에 있는 산에서 제자들에게 사명을 주시면서 당신 자신을 드러내셨다. "나는 하늘과 땅의 모든 권한을 받았다."(마태 28,18) 이는 그리스도의 승천으로 그분의 사명이 끝난 것이 아니라 오히려 참으로 세상을 다스리기 위해 그 사명을 궁극적으로 수행하신다는 것을 의미한다.

그리스도의 승천은, 하늘에 올라가신 그분은 세상의 참된 주인이시라는 일관된 주장을 내포하고 있다. 이러한 주장은 예수 그리스도에 대한 신앙고백으로서 사도신경에 "하늘에 올라 전능하신 천주 성부 오른편에 앉으시며"라고 명시되어 있다. 하느님의 오른편에는 하느님의 영적 현존에 직접 참여하는 분이 자리하신다. 그분은 이제 하느님과 같이 온 우주를 감싸안으시고 충만하게 하시며 다스리신다. 예수님이 지상을 떠나 하느님의 오른편에 앉아계신다면, 그분은 비록 우리가 사는 세상을 건너가셨지만 이 세상을 잃으신 게 아니라 새로운 방식으로 되찾으신 것이다. 예수님은 지상 생애 동안 머무신 것처럼 예루살렘이나 갈릴래아 같은 곳에만 현존하시는 것이 아니라, 이제 모든 사람 곁에 그리고 온 세상에 현존하신다.

강복하시며 작별하시다

그러므로 그리스도의 승천은 매우 특별한 작별임을 알 수 있다. 예수님이 부활하신 후 사십 일째 되는 날 이루어진 제자들과의 작별은 성금요일의 이별과는 분명 다르다. 성금요일에 제자들은 예수님과는 물론이고 자신들의 모든 희망과도 결별해야 했다. 그러나 지금 예수님은 승천하시면서 성금요일처럼 죽음으로 떠나시는 게 아니라, 하느님과 함께 영원한 생명으로 들어가신다. 그리스도의 승천은 그분이 하늘에 받아들여지는 것이자 아버지 곁에 영원히 계시는 것이다. 그렇지만 이 작별이 제자들에게는 견디기 힘든 상실, 곧 주님과의 긴밀한 관계를 잃는 것을 의미했을 것임에 틀림없다.

그럼에도 이 작별은 슬픔으로 가득 차지 않고, 큰 기쁨의 계기이자 동기가 되었다. 적어도 루카 복음사가는 그렇게 확신하며, 그리스도의 승천을 자신이 쓴 복음서 끝부분과 사도행전 앞부분에서 두 번이나 전한다. 그러면서 그리스도의 승천 사화에 짧지만 중요한 견해를 첨부한다. 곧 제자들은 예수님의 승천 후 "크게 기뻐하며"(루카 24,52) 돌아가 하느님을 찬미하며 지냈다는 것이다. 이러한 진술은 당연히 질문을 던지게 한다. 그리스도께서 이 세상을 떠나시는데 도대체 그렇게 크게 기뻐하는 이유가 무엇이냐는 것이다.

루카 복음사가의 또 다른 언급이 이 질문에 적절한 답변을 줄 수 있을 것이다. "예수님께서는 그들을 베타니아 근처까지 데리고 나가신 다음, 손을 드시어 그들에게 강복하셨다. 이렇게 강복하시며 그들을 떠나 하늘로 올라가셨다."(루카 24,50-51) 예수님은 손을 들어 제자들에게 강복하시며 그들과 작별하신다. 그분은 제자들에게서 떠나가시지만, 이렇게 강복하심으로써 당신이 그들 곁에 머무시고 새롭게 가까이 계심을 그들에게 보여주신다. 예수님은 이 세상에서 떠나가시지만, 다시 오시어 강복하실 것이다. 이렇게 다시 오심과 강복으로 함께하신다는 것에, 작별이 고통과 슬픔이 아니라 큰 기쁨이 유발되는 모순에 대한 참된 대답이 들어있다. 제자들은 부활하신 예수님이 언제나 자기들 곁에 계시다는 것, 더 정확히 말하면 자신들에게 강복하시며 함께하신다는 것을 체험했기 때문이다.

이 약속은 오늘날의 그리스도인들에게도 적용된다. 주님 승천 대축일은 부활하신 분의 약속이 오늘날에도 얼마나 진실한지 확신을 준다. "보라, 내가 세상 끝 날까지 언제나 너희와 함께 있겠다."(마태 28,20) 마태오복음의 마지막 구절로서 더욱 힘을 발휘하는 이 약속은 지금도 유효하다. 이 약속에서 오늘 우리에게도 주님 승천은 중요한 축제이며, 삶의 많은 어려움 속에서도 기쁨으로 가득 찰 수 있는 가장 심오한 이유가 드러난다.

그러한 기쁨이 오늘날 우리에게 특히 필요하다. 교회나 사회에서 뜻하지 않게 발생하는 사건들이 기쁨을 앗아갈 수 있기 때문이다. 그렇지만 그때 잃게 될 기쁨은 분명 주님 승천 대축일이 우리에게 주는 기쁨이 아니라, 우리 자신이 스스로 유발한 기쁨일 것이다. 이러한 기쁨은 잠시의 만족은 주지만 계속 유지되지 않는다는 것을 우리는 경험으로 알고 있다. 그리스도교 신앙에서 중요한 요소인 기쁨은 부활하신 그리스도께서 선사하시는 것이다. 그 기쁨은 그리스도교 신앙을 알아보게 하는 표지이므로, 오늘날 필요한 영의 식별 기준이라고 할 수 있다. 어디든(특히 교회 안에서도) 기쁨이 없고 우울함과 분노가 지배하는 곳에는, 기쁨을 잃어버린 시대정신이 영향을 미치고 있다. 반면 우리에게 강복하시는 예수 그리스도의 영은 참된 기쁨을 선사하신다.

올리브산의 비밀

제자들이 본 예수님의 마지막 모습은 그분이 손을 들어 강복하시는 모습이다. 이에 비추어 동방교회 영성에서 주님 승천 이콘에 그리스도께서 강복하시는 모습이 중심에 자리하고, 승천이 강복의 몸짓으로 해석되는 것을 이해할 수 있다. "그리스도의 손은 우리를 덮어

주는 지붕이 되었다. 동시에 세상의 문을 위로 향해 여는 힘이 되었다."[51]

동방교회의 주님 승천 이콘을 보면, 하늘과 땅이 서로 갈라져 있으며 대체로 올리브나무 가지들이 그려져 있다. 이 올리브나무 가지들은 그리스도께서 승천하신 곳이 올리브산임을, 곧 그분이 수난 전에 고통스러운 밤을 보내신 곳임을 말해준다. 그러나 우리에 대한 사랑의 행위로 예수님이 자신을 낮추시어 수난과 죽음을 겪으심으로써 그분의 참된 상승, 곧 승천은 이미 시작되었다. 따라서 극심한 두려움의 장소는 가장 확실한 믿음의 장소가 되었으며, 하느님의 부재를 체험하던 끔찍한 장소는 하느님이 현존하시며 강복하시는 장소가 되었다.

예수님은 자신을 가장 낮추시고 바닥까지 내려간 그곳에서 하늘로 올라가셨다. 자신을 낮출 수 있고 또 그럴 준비가 되어있는 겸손한 이에게만 위로 올라가는 가벼움이 선사되기 때문이다. 이는 오늘날 우리에게도 위로가 된다. 우리가 겪는 고통은 영원히 지속되지 않고 끝날 것이다. 그리고 우리가 지상에서 겪는 낙담과 절망의 장소는 온갖

억눌린 것이 똑바로 세워지고 위로 향하는 장소로 바뀔 것이다. 승천은 위로 향하는 움직임이며, 우리 모두는 세례를 통해 그 안으로 부르심을 받았기 때문이다.

위로 향하는 내적 움직임인 '드높이'

제자들이 예수님과 작별하면서 기쁨을 느낀 것은, 주님이요 스승이신 분께서 어디로 가시는지 이해했기 때문이기도 하다. 그분은 우리를 구원하시려고 떠나온 그곳으로 돌아가시는 것이다. 예수님은 제자들과 작별하시며 "나는 내 아버지이신 하느님께로 돌아간다"라고 하신 듯하다. 주님 승천 대축일은 우리의 시선을 위로 향하게 하고, 우리가 본질적으로 누구인지를 깊이 깨닫도록 이끌어 준다.

주님 승천 대축일이 특히 드러내는 점이 있다. 우리가 어디서 왔고 누구인지 묻는 것만으로는 충분치 않고, 오히려 우리가 어디로 갈 수 있고 또 어디로 가는지 질문할 때에야 인간의 참된 본질이 드러난다는 것이다. 그리스도의 승천은 이에 대한 합당하고 훌륭한 답을 제시한다. 인간은 오직 위를 바라볼 때 참된 삶을 살 수 있으며, 지극히 높은 곳에 계시는 하느님께 다다를 수 있다는 것이다. 따라서 인간에게 본래의 높은 곳은 그가 '존재하는sum' 곳이 아니라, 그가 자신의 삶을 위로 향하게 하면서 마음을 '드높이는sursum' 곳이다. 이렇게 마음을 '드높이는' 것에서 아우구스티노 성인은 그리스도교 신앙의 핵심을, 곧 그리스도교 신앙은 아래로 누르지 않고 위로 끌어올려 인간의 마음을 하느님 곁에 있게 한다는 것을 깨달았다.

"마음을 드높이Sursum corda." 우리는 성찬례 때마다 이러한 권고를 들으며, 인간 존재의 가장 높은 차원으로 초대받는다. 이를 통해 제자들이 그리스도께서 승천하실 때 보인 그 태도를 지닌다. 사도행전에 따르면, 예수님은 제자들이 "보는 앞에서 하늘로 오르셨는데, 구름에 감싸여 그들의 시야에서 사라지셨다."(사도 1,9) 성찬례에서도 그리스도의 승천 때와 동일한 사건이 일어난다. 예수님이 우리에게 오시어 강복하시고 우리를 하늘에 계신 아버지께로 데려가신다. 성찬례는 우리 자신을 그리고 하느님께서 우리에게 주신 것을 위로 들어 올리는 것이다. 감사기도(제1양식)에서 사제는 이렇게 기도한다. "저희는 아버지께서 베풀어 주신 선물 가운데서 이 깨끗한 제물, 거룩한 제물, 흠 없는 제물 영원한 생명의 빵과 구원의 잔을 존엄한 대전에 봉헌하나이다."

작별과 새로운 출발

"마음을 드높이." 이것은 믿는 이들이 지녀야 할 내적 태도이지, 세상을 등지라는 뜻이 결코 아니다. 그리스도교 전례는 지상에서 저세상으로 도피하는 것이 아니라, 오히려 온 세상과 함께 천상의 피난처를 찾는다. 이 지상에서 이미 하늘의 일부를 체험할 수 있게 하기 위해서다.

주님 승천 대축일은 우리의 시선을 위로 향하도록 초대

한다. 우리가 시선을 땅에만 고정하면 세상에서 아주 작은 일부만 알 수 있을 뿐, 쉽게 방향을 잃게 되기 때문이다. 다른 한편으로, 예수님이 승천하실 때 하늘을 계속 바라보고 있던 제자들은 흰옷을 입은 두 사람에게 경고를 받는다. "갈릴래아 사람들아, 왜 하늘을 쳐다보며 서있느냐?"(사도 1,11) 오직 위만 바라보는 사람은 세상을 잊을 위험에 놓인다. 그런데 주님 승천 대축일은 우리에게 위를 바라보도록 초대한다. 위에서 새로운 방식으로 아래를 바라보게 하기 위해서다. 또한 예수님과의 작별이 새로운 시작이 되도록 하라는 초대이다. 그러므로 예수님이 승천하시며 작별하시기 전에 제자들에게, 세상에서 당신의 증인이 되라는 사명을 주신 것을 이해할 수 있다. "성령께서 너희에게 내리시면 너희는 힘을 받아, 예루살렘과 온 유다와 사마리아, 그리고 땅끝에 이르기까지 나의 증인이 될 것이다."(사도 1,8)

증언하는 일은 그리스도의 승천 사건이 제자들에게 가져온 첫 번째 결과이다. 그러나 증언은 오늘날 우리의 사명이기도 하다. 그리스도의 승천이 주는 기쁜 소식, 곧 그리스도께서 하느님 오른편에 앉아계시며 세상의 참된 주인이시라는 메시지를 우리만 간직해서는 안 되며, 이웃과 온 세상에 계속 전해야 하기 때문이다. 그리스도께서 승천하신 뒤에 제자들은 세상 속으로 들어가 자신들의 사명을 자발적으로 수행했다.

그러나 세상 사람들에게 하느님을 증언하는 것은 먼저 하느님 앞에서 이루어질 때만 신뢰할 수 있고 설득력이 있다. 그리스도께서 승천하신 뒤에 제자들은 예루살렘으로 돌아가 "줄곧 성전에서 하느님을 찬미하며 지냈다."(루카 24,53) 사도행전 역시 제자들에 관해서 이와 유사하게 보도한다. 그들은 올리브산을 떠나 예루살렘을 돌아가, 거기서 "여러 여자와 예수님의 어머니 마리아와 그분의 형제들과 함께 한마음으로 기도에 전념하였다."(사도 1,14) 여기서 마리아는 성령 강림을 기다리며 간절히 기도하는 제자 공동체에서 기도의 인도자로 드러나신다.

하느님을 찬미하고 그분을 세상에 증언하는 것, 이는 주님 승천 대축일에서 비롯되는 논리적 결과다. 주님 승천 대축일은 우리에게 그분의 현존을 더욱 확실히 선사하고 우리가 영원한 생명을 주시는 하느님께 다가가게 한다. 따라서 당시에 제자들이 '크게 기뻐하며' 예루살렘으로 돌아갔듯이, 우리 그리스도인도 오늘날 각자의 '예루살렘'으로 돌아간다. 그리스도의 승천이 제자들을 기쁘게 했듯이, 우리도 오늘날 그리스도의 승천에 기뻐하고 또 감사할 수 있다. 우리도 믿음 안에서 혼자가 아니라는 것, 그리스도께서 오늘도 우리를 축복하시며 우리 곁에 계시다는 것, 우리는 축복받은 이로서 살 수 있다는 것을 체험할 수 있기 때문이다. 그러므로 표면적으로는 모순되게 보이는 것, 곧 그리스도와의 작별에 제자들이 기뻐할 수 있었던 참된 이유를 이해하게 될 것이다. 그분이 제자들과 작별하신 것은 동시에 그분이 새롭게 가까이 계심의 출발점이 되었기 때문이다.

14

성령 강림 대축일

하느님의 현존 안에서 살기

독일어로 '성령 강림Pfingsten'은 그리스어 펜테코스테 πεντηκοστή에서 유래한 말로, 숫자 50, 곧 '50일째' 날을 의미한다. 성령 강림 대축일은 7주간 이어지는 부활 시기가 끝나는 날이다. 그러므로 이 단어 자체가 이미 성령 강림과 함께 하느님의 구원 사업이 완성된다는 것을 내비친다. 성령 강림 대축일은 "부활 시기의 대단원을 장식하는 날, 부활 시기가 막을 내리는 날, 부활 시기가 완성된 날이다."[52]

완성과 새로운 시작

성령 강림 축제는 유다교 축제 의식에 중요한 기원을 두고 있다. 유다교에서는 파스카 축제 후 일곱 주간이 지난 후 주간절(=오순절, 샤부오트 축제)을 지낸다. 고대 이스라엘에는 원래 하느님의 창조를 기리는 축제, 더 정확히 말하면 추수감사제가 있었다. 그렇지만 이 축제는 나중에 점차 다른 축제로, 곧 이스라엘 백성이 시나이산에서 하느님께 받은 삶의 지침인 토라(율법)를 중심에 둔 축제로 발전했다. 그 기원은 구약성경에 나오는 중요한 사건으로 거슬러 올라간다. 하느님께서는 시나이산에서 거센 바람과 불 속에서 이스라엘 백성에게 나타나시어 십계명을 주셨고, 그들과 계약을 맺으셨다. 이스라엘 백성은 시나이산에서 계명을 받은 이 사건을 하느님께서 이집트 탈출과 함께 시작하신 해방의 완성으로 이해했다. 그렇기 때문에 이집트 탈출을 기념하는 파스카 축제 후 50일째 되는 날을 시나이산에서 하느님과 맺은 계약을 기념하는 큰 축제로 지냈다.

루카 복음사가는 사도행전에서 오순절의 성령 강림 사건을 보도할 때 구약의 거센 바람과 불의 이미지를 사용한다. “갑자기 하늘에서 거센 바람이 부는 듯한 소리가 나더니, 그들이 앉아있는 온 집 안을 가득 채웠다. 그리고 불꽃 모양의 혀들이 나타나 갈라지면서 각 사람 위에 내려앉았다.”(사도 2,2-3) 이러한 묘사를 통해 루카는 성령 강림 사건을 시나이산에서 있었던 사건의 재현으로 해석한다. 성령 강림의 장소는 하느님이 당신 백성과 새 계약을 맺으시고 사랑이신 성령 안에서 새 토라를 주신 새 시나이라는 것이다. 여기서 새 시나이는 모든 나라로 그 범위가 확대되며, 사도행전에서는 이렇게 언급된다. “그때에 예루살렘에는 세계 모든 나라에서 온 독실한 유다인들이 살고 있었는데….”(사도 2,5)

이스라엘 백성이 시나이산에서 하느님과 계약을 맺음으로써 비로소 완전한 의미에서 하느님 백성이 되었듯이, 성령 강림 대축일은 성령의 힘으로 교회가 탄생한 것을 기념한다. 루카는 교회가 성령 강림 때 탄생한 것과 예수님이 신약의 구세사 시작 때 탄생하신 것을 병렬함으로써, 교회가 성령에 의하여 탄생했다는 확신을 드러낸다. 루카는 자신의 복음서에서 예수님의 탄생을 성령의 기적으로 풀이하는데, 이는 가브리엘 천사가 마리아에게 한 약속에 담겨 있다. "성령께서 너에게 내려오시고 지극히 높으신 분의 힘이 너를 덮을 것이다."(루카 1,35) 그리고 사도행전 앞부분에서는 오순절 성령 강림 때 성령의 힘으로 교회가 탄생했다는 것에 우리를 주목하게 한다.

그러므로 성령 강림은 하느님의 파스카 구원 위업의 완성을 의미할 뿐만 아니라, 교회의 탄생과 함께 새로운 시작을 또한 의미한다. 성령 강림 사건은 성령의 현존 안에서 살도록 부름받은 교회의 시대를 열었기 때문이다. 성령 강림 대축일의 복음 말씀은 예수 그리스도께서 제자들에게 당신 영의 현존을 전하시는 내용이다. 부활하신 그리스도께서는 제자들에게 숨을 불어넣으시며 "성령을 받아라"(요한 20,22) 하고 말씀하신다. 곧 그들에게 성령을 주신다. 성령 강림 대축일은 예수 그리스도의 영이 현존하심을 기리는 축일이다. 부활하신 그리스도께서 두려움으로 문을 모두 잠가놓고 있던 제자들 가운데 영으로 현존하시며 당신의 평화를 주신 것은 분명 기적이라 말할 수 있다. "평화가 너희와 함께!"(요한 20,19) 이렇게 그리스도는 당신의 영적 현존에 제자들이 참여하게 하시며, 그들이 성령 안에 살게 하신다.

성령이 현존하시는 교회

우리는 그리스도인으로서 그리고 교회로서 어떻게 영적으로 깨어있고 또 성령의 현존 안에 살 수 있을까? 이 질문에 성령 강림 대축일, 곧 교회 창립 축일이 그 방향을 제시한다. 사도행전이 보도하는(사도 2,1-12 참조) 첫 성령 강림 사건은, 우리가 실제로 영으로 현존하시는 예수 그리스도 안에서 살고 있는지 그리스도인의 삶과 교회 생활을 성찰하도록 부름받은 거울과 같다. 성령 강림 대축일은 우리가 이 사건에 관해 성경이 보도하는 것을 마음에 새기고 각 장면을 묵상하도록, 그리고 오늘날 어떻게 해야 성령이 현존하시는 교회가 되고 또 그런 교회로서 살 수 있을지 깊이 생각해 보도록 초대한다.

"오순절이 되었을 때 그들은 모두 한자리에 모여있었다."(사도 2,1) 성령 강림에 관한 보도는 이렇게 간결하게 시작되지만, 이 문장에 이미 중요한 핵심이 들어있다. 제자들이 "여러 여자와 예수님의 어머니와 그분의 형제들과 함께 한마음으로"(사도 1,14) 기도에 전념하고 있는 가운데 성령 강림 사건이 일어났기 때문이다. 사람들이 모여 기도할 때, 그리고 하느님과 그분이 주신 위로의 약속과 도전으로 다가오는 요구에 마음을 열 때, 예수 그리스도의 영께서 역사하신다. 여기서 예수 그리스도께서 세우신 교회를 알아보는 첫째 특징이 드러난다. 당시에도 그랬듯이 오늘날에도 그리스도의 교회는 무엇보다 **함께 모여 말씀을 듣고 기도하는 교회**라는 것이다. 교회는 늘 함께 모여 기도하고 전례를 거행함으로써만 예수 그리스도의 영께서 주시는 힘으로 살게 된다.

그들이 모두 한자리에 모여있는 가운데 "갑자기 하늘에서 거센 바람이 부는 듯한 소리가 나더니, 그들이 앉아있는 온 집 안을 가득 채웠다. 그리고 불꽃 모양의 혀들이 나타나 갈라지면서 각 사람 위에 내려앉았다."(사도 2,2-3) 성령께서는 무엇보다 제자들의 눈을 예수 그리스도께로 열어주시고, 그분과 그분의 중요한 사안을 위해 그들을 영으로 충만하게 하신다. 이로써 예수 그리스도가 세우신 교회의 둘째 특징이 밝혀진다. 당시처럼 오늘날도 그리스도의 교회는 **성령으로 충만하고, 따라서 성령으로 충만케 하는 교회**라는 것이다. 교회가 오롯이 예수 그리스도께로 향해야, 그분의 구원 사업을 핵심 사안으로 삼아야, 예수 그리스도와 그분의 사명을 위해서 전력을 다해야 신뢰를 얻고 활동할 수 있기 때문이다. 그렇게 할 때만 교회는 예수 그리스도를 위하여 다른 사람들도 영으로 충만하게 할 수 있을 것이다. 온전히 예수 그리스도께 중심을 둔 교회만이 참된 교회로 드러난다.

영으로 현존하시는 예수 그리스도께서 주신 선물은 이런 결과를 가져왔다. "그러자 그들은 모두 성령으로 가득 차, 성령께서 표현의 능력을 주시는 대로 다른 언어들로 말하기 시작하였다."(사도 2,4) 하느님의 영이 주시는 힘으로 사람들은 언어의 장벽을 무너뜨릴 수 있었다. 언어 장벽이 생기면 의사소통이 매우 어렵다. 성경은 '바벨탑 이야기'에서, 언어 장벽의 기원을 사람들이 오만해진 데에서 찾는다. 바벨탑 이야기는 사람들이 제멋대로 하늘까지 닿는 탑을 세우려 했다고 전한다. 그들이 오만해진 까닭은 자신들이 계획하고 구상한 대로 하늘까지 닿는 탑을 세울 수 있고, 이로써 인간을 하느님의 자리로 격상시킬 수 있다고 생각했기 때문이다. 그러나 그 결과는 언어의 혼란으로 이어졌다. 자기 자신만을 찾는 사람은 이기주의의 철칙을 따르고 다른 사람들과 완전히 대립하기 마련이다. 그러면 더 이상 상대방을 이해하지 못하고 누군가를 신뢰할 수 없게 된다. 그러므로 성령 강림 때 일어난 언어의 기적을 언어 혼란이 지속되거나 되풀이된 것으로 이해한다면 완전히 잘못 이해한 것이다. 오히려 언어 혼란이 성령의 힘으로 종결되고 치유된 것이다.

이런 맥락에서 예수 그리스도가 세우신 교회의 셋째 특징이 분명해진다. 당시와 마찬가지로 오늘날에도 그리스도의 교회는 **화해와 소통에 기여하고 일치를 이루는 교회**라는 것이다. 예수 그리스도의 영이 살아계시고 활동하는 곳에서 교회는 다양한 언어로 말하기 시작한다. 그런 가운데 교회는 세대와 성별, 민족과 국가, 종파들 간에 존재하는 언어 장벽을 허물어야 할 의무가 있음을 깨닫게 된다. 세상에는 단순히 다수와 소수만 있는 게 아니며, 교회는 처음부터 '보편적katholisch'이다. 모두를 포용하기 때문이다. 교회는 온 세상에 시선을 둔 신앙 공동체다. 보편성은 성령 강림 때 탄생한 교회의 명함과 같다.

성령 강림이 일어났을 때 그곳에 모인, 세계 모든 나라에서 온 사람들은 제자들이 '하느님의 위업'을 선포하는 말을 들었다. 이로써 바벨탑 사건과 성령 강림 사건은 전혀 다르다는 것이 다시금 드러난다. 바벨탑 사건에 나오는 사람들은 하나의 언어로 말하지만, 자신들의 업적에 관해서만 말한다. 반면에 성령 강림 사건에 나오는 사람들은 여러 언어로 말하지만, 하느님의 위업에 대해 하나로 일치하여 말한다. 여기에 글자 그대로 하늘과 땅만큼의 큰 차이가 있다. 이 현격한 차이로 인해 교회는 자기 자신을 위한 교회가 아니라, **하느님을 찬양하고 선포하는 교회**임이 드러난다. 이는 그리스도의 교회의 넷째 특징이다. 이때 사랑이신 성령께서는 사람들이 서로 이해하도록 활동하신다. 성령께서는 바벨탑 사건에 나오는 하나의 언어로 말씀하지 않으신다. 바벨탑의 언어는 사람들을 모으는 것이 아니라, 혼란스럽게 하고 서로 갈라놓았다. 성령께서는 오히려 타자他者를, 무엇보다 타자 그 자체인 살아계신 하느님을 사랑으로 인식함으로써 일치를 이루게 하신다. 다양한 언어는 이제 더 이상 이해를 방해하는 게 아니라, 사람들이 서로를 이해하는 다리 역할을 한다.

세계 모든 나라에서 온 사람들은 제자들이 하느님의 위업을 말하는 것을 저마다 자기 언어로 듣고 물었다. "그런데 우리가 저마다 자기가 태어난 지방 말로 듣고 있으니 어찌 된 일인가?"(사도 2,8) 성령 강림 때 일어난 언어의 기적은, 제자들이 예수 그리스도와 그분의 복음을 열정적으로 선포하고, 전 세계에서 온 다양한 사람들이 이 복음을 자신들의 실존적 물음에 대한 답변으로 여기게 하는 것이 그 목적이다. 이로써 예수 그리스도가 세우신 교회의 다섯째 특징이 드러난다. 당시처럼 오늘날도 교회의 사명은 우리를 해방시키는 **예수 그리스도의 복음을 선포**하는 것, 따라서 **선교하는 교회**가 되는 것이다. 교회는 성령의 힘으로 말씀을 전하고 무엇보다 자신의 삶을 통해 예수 그리스도를 증언하는 공동체다.

제자들이 예수 그리스도의 복음을 선포한 것은 곧 큰 파장을 일으켰다. "그들은 모두 놀라워하고 어쩔 줄 몰라 하며, '도대체 어찌 된 영문인가?' 하고 서로 말하였다."(사도 2,12) 제자들이 성령으로 충만하여 보인 태도는 많은 사람을 놀라게 했고, 사람들은 어찌 된 영문인지를 물었다. 이렇게 사소해 보이는 관찰도 중요한 의미를 지니며, 교회의 여섯째 특징을 가리킨다. 당시와 마찬가지로 오늘날에도 믿는 이들의 공동체는 **놀라움과 질문을 불러일으키는 교회**가 되도록 부름받았다는 것이다. 특히 세속화된 오늘의 세상에서 하느님과 예수 그리스도에 대한 질문은 교회의 삶이 사람들에게 신뢰를 주고 그리스도인들이 세상의 구원을 위해 힘쓰는 데서 비롯되거나, 아니면 아예 사라질 위기에 처해있다. 이 질문이 오늘날 사람들에게 여전히 살아있게 하거나 다시 깨어나게 하는 것은 예수 그리스도의 교회가 지닌 막중한 책임이다. 물론 성령 강림 때 받은 기쁜 사명이기도 하다.

물론 교회의 선교 사명이 언제나 성공적으로 이루어진 것은 아니었다. 정반대 현상도 나타났다. "그러나 더러는 '새 포도주에 취했군' 하며 비웃었다."(사도 2,13) 성령 강림 때 제자들이 성령으로 충만한 것을 모든 사람이 이해한 건 아니었다. 어떤 사람들은 하느님의 영께서 활동하신 것으로 여겼지만, 또 다른 사람들은 그저 포도주에 취한 것으로만 보았다. 이런 불편한 현상은 우리로 하여금 잠시 멈추어 서서, 예수 그리스도가 세우신 교회의 일곱째 특징으로 시선을 돌리게 한다. 당시에도 그랬듯이 오늘날에도 교회는 늘 **오해를 받고 고통을 겪는다**. 교회가 오늘날의 시대정신에 과도하게 순응함으로써 복음을 선포하는 사명을 줄이고 '짐이 가벼운 교회'가 된다면 당연히 고통받지 않을 것이다. 역사적으로 보면, 교회가 예수 그리스도와 그분의 복음을 결코 상황에 따라서가 아니라 제때에 선포하며 성실한 삶으로 증언할 때 고통받게 된다. 그럴 때에야 교회는 신뢰를 주는 방식으로, 예수 그리스도를 따르기 위해 져야 할 '십자가'에 관해서도 말할 수 있을 것이다.

부활의 평화에 합당한 생활

예수 그리스도의 영이 현존하심은 당시와 마찬가지로 오늘날에도 그분의 교회에서 이처럼 다양한 형태로 나타난다. 그리스도의 교회는 함께 모여 기도하는 교회, 성령으로 충만한 교회, 화해에 기여하는 교회, 하느님을 찬양하고 선포하는 교회, 선교하는 교회, 놀라움을 선사하며 질문하게 하는 교회, 오해받을 수 있고 고통받는 교회다. 이것이 성령 강림 때 체험된 교회다. 이에 비추어 우리는 부활하신 주님께서 제자들에게 가장 먼저 주신 선물이 '평화'임을 이해할 수 있다. "평화가 너희와 함께!"(요한 20,19)

평화는 그리스도께서 우리가 사는 세상에 가져오신 가장 값진 선물이다. 그분이 건네시는 평화의 인사는 하늘과 땅을 잇는 다리다. 부활하신 그리스도는 이 다리를 통해 하늘에서 땅으로 내려오시고, 우리는 이 다리를 통해 그분께 올라갈 수 있고 또 그래야 한다. 물론 우리는 이 다리 위에서 새로운 방식으로 이웃에게 다가가, 그리스도께 받은 부활의 평화를 선물해야 한다.

이 평화 안에는 무엇이 있을까? 이 질문에 예수님은 제자들에게 다음과 같은 말씀으로 대답하신다. "성령을 받아라. 너희가 누구의 죄든지 용서해 주면 그가 용서를 받을 것이고, 그대로 두면 그대로 남아있을 것이다."(요한 20,22-23) 그리스도께서 제자들에게 주시는 성령은 용서의 영이시다. 용서는 평화와 쌍둥이다. 따라서 평화를 전하는 교회의 사명이 분명해진다. 교회는 옛것 곧 죄를 세상에서 없애도록, 그리고 새것 곧 평화를 세상에 전하도록 부름받은 것이다.

우리는 하느님 안에서만 이 평화를 찾을 수 있다. 인간과 하느님 사이의 평화가 첫째이자 가장 중요한 평화이며, 다른 모든 형태의 평화는 하느님이 주시는 이 기본적 평화가 반영된 것이다. 세상의 평화는 평화를 누리는 사람의 마음에서 시작되며, 이 평화는 오직 하느님만이 주실 수 있다. 그러나 이 평화를 자신만을 위해 간직해서는 안 되고, 이웃에게 계속 전해주어야 한다. 교회의 진정한 탄생일인 성령 강림 대축일은 우리에게 그렇게 하도록 촉구한다. 우리가 여기서 제자들이 당시에 성령의 현존과 활동으로 체험한 결과를 이끌어 낼 때에야 비로소 합당하게 그리고 무엇보다 진정성 있게 이날을 기념할 수 있을 것이다. 성령 강림 대축일은 우리가 성령의 현존 안에서 살도록, 그리고 우리 자신이 성령이 현존하시는 교회가 되어 그분이 주시는 평화를 세상에 전하도록 우리를 고무한다.

이 평화와 함께 우리는 이제 부활 시기를 마치고 다시 연중 시기로 들어가 각자의 길을 계속 걸어간다. 성령께서 우리와 늘 함께하신다. 모든 피조물에게 생명을 주시고 온전케 하시는 성령께서는 우리가 죽음에서 생명으로, 어둠에서 빛으로 나아가도록 도와주신다.

옮긴이의 말

이 책은 사순 시기와 부활 시기를 위한 훌륭한 안내서로, 재의 수요일부터 시작해 사순 주간들과 주님 수난 성지 주일, 그리고 전례력의 정점인 파스카 성삼일을 거쳐 주님 부활 대축일로 시작하는 부활 팔일 축제와 부활 주간들, 주님 승천 대축일과 성령 강림 대축일까지 이어지는 90일간의 긴 여정에 우리를 동반한다. 그러면서 이 두 전례 시기에 관해 깊이 생각해 보도록 이끌고, 특별히 이 시기에 우리가 지녀야 할 마음가짐과 태도를 비롯해 구체적으로 실천할 점들을 새삼 일깨워 준다.

저자는 성경과 교회사, 신학, 영성 등을 배경으로 주제를 폭넓게 조명하며 우리의 시야를 크게 넓혀준다. 나아가 사순 시기와 부활 시기에 거행되는 주요 전례 및 의식들과 관련된 교리도 알기 쉽게 설명하고, 오늘날 우리가 직면하는 다양한 상황도 결부시켜 내용을 심도 있게 전개한다.

저자가 구약성경과 신약성경을 연관 지어 다루는 점도 눈에 띈다. 이스라엘 백성이 광야 시절에 받은 유혹과 예수님이 광야에서 악마에게 받으신 유혹, 십계명과 주님의 기도, 바벨탑 사건과 성령 강림 사건 등을 비교하며 내용을 펼치는 것을 예로 들 수 있다. 이를 통해 신구약성경이 얼마나 긴밀히 연관되어 있는지 더 잘 알게 되고, 성경을 전체적으로 바라보고 이해해야 하겠다는 생각이 들게 한다. 또한 이 책에 나오는 글들 하나하나가 한 편의 드라마를 보는 듯하고 각 장면이 생생하게 그려지면서 그 속으로 들어가게 된다. 저자의 말대로 "우리는 예수님의 수난과 죽음과 부활이라는 드라마에 참여하며, 전례를 통해 이를 다시 체험한다." 그분의 수난과 죽음과 부활은 바로 우리의 삶과, 내 삶과 연관이 있는 것이다.

이렇듯 이 책이 전하는 메시지는 깊은 울림을 주며 우리의 의식을 촉구한다. 특별히 사순 시기와 부활 시기를 더 뜻깊게 보내도록 이끌어 주는 이 책의 동반으로 내적·외적 변화를 도모하면서 신앙생활도 더욱 열심히 해나갈 수 있을 것이다. 우리가 '죽음에서 생명으로' 건너가도록 방향을 제시하는 이 책을 토대로 사순 시기를 더 의식적으로 보내고, 그리스도교 신앙에서 가장 중요한 사건인 부활의 참된 의미를 더 깊이 새기면서 부활하신 예수님과 더 '진하게' 만나는 부활 시기를 보내면 좋겠다.

참 좋은 글을 쓴 저자에게 깊은 존경을 표하고, 독일어권에서는 널리 알려진 신학자이고 다수의 책을 저술한 저자의 책을 국내에 소개하게 되어 기쁘고 보람을 느낀다. 이 책을 우리말로 옮길 수 있도록 흔쾌히 허락해 준 바오로딸과 출간되기까지 애쓰신 분들에게도 감사하는 마음을 전한다.

황미하

| 미주 |

1 B. Pascal, *Gedanken*, Nr. 188.

2 제2차 바티칸공의회, 거룩한 전례에 관한 헌장「거룩한 공의회」(*Sacrosanctum Concilium*) 5항.

3 베네딕토 16세, 회칙「하느님은 사랑이십니다」(*Deus caritas est*) 12항.

4 Isidor von Sevilla, *De ecclesiasticis officiis* II, 17 = PL 83, 802.

5 Athanasius von Alexandrien, *Sechster Osterfestbrief* = PG 26, 1389.

6 「거룩한 공의회」(*Sacrosanctum Concilium*) 109항.

7 Augustinus, *Sermo* 227, 1.

8 J. Ratzinger, *Vom Sinn des Christseins. Drei Predigten*(München 1966) 58[s. JRGS 4(Freiburg i. Br. 2014) 363-395, zit. 388].

9 G. Lohfink, *Ausgespannt zwischen Himmel und Erde. Große Bibeltexte neu erkundet*(Freiburg i. Br. 2021) 153.

10 J. Kardinal Ratzinger, *Auf Christus schauen. Die Gestalt Christi im Spiegel der Versuchungsgeschichte*, in: Ders., *Unterwegs zu Jesus Christus*(Augsburg 2003) 79-102, zit. 86-87[JRGS 6/2(Freiburg i.

Br. 2014) 742-760, zit. 748].

11 S. Leitner, *Priesterseminar: Schule des Evangeliums*, in: A. R. Batlogg und K. Egger(Hrsg.), *Dank an Reinhold Stecher. Perspektiven eines Lebens*(Innsbruck - Wien 2002) 62-84, zit. 79.

12 J. Ratzinger - Benedikt XVI., *Jesus von Nazareth. Erster Teil; Von der Taufe im Jordan bis zur Verklärung*(Freiburg i. Br. 2007) 168[JRGS 6/1(Freiburg i. Br. 2014) 241].

13 Tertullian, *De oratione* = PL 1, 1255.

14 G. Lohfink, *Die wichigsten Worte Jesu*(Freiburg i. Br. 2022) 278.

15 J. Ratzinger - Benedikt XVI., *Sünde und Erlösung*, in: Ders., *Gottes Projekt. Nachdenken über Schöpfung und Kirche*(Regensburg 2009) 73-92, zit. 90[JRGS 5(Freiburg i. Br. 2022) 73-83, zit. 83].

16 A. Adam, *Das Kirchenjahr - Schlüssel zum Glauben*(Freiburg i. Br. 1990) 78.

17 Cf. W. Gollwitzer-Voll, *Ikonologische Grundlagen des Bildmotivs Christus als Apotheker*, in: F. Krafft, *Christus ruft in die Himmelsapotheke. Die Verbildlichung des Heilandsrufs durch Christus als Apotheker. Begleitbuch und Katalog zur Ausstellung im Museum Altomünster*(Stuttgart 2002) 5-132.

18 W. Pannenberg, *Systematische Theologie*. Band 2(Göttingen 1991) 470.

19 J. H. Newman, *Pfarr- und Volkspredigten* VI, 242.

20 J. Kardinal Ratzinger, *Der Priester als Mittler und Diener Christi im Licht der neutestamentlichen Botschaft*, in: Ders., *Theologische Prinzipienlehre. Bausteine zur Fundamental-theologie*(München 1982) 281-299, zit. 299[JRGS 12(Freiburg i. Br. 2010) 107-128, zit. 128].

21 Benedikt XVI., Lectio divina vor dem Klerus der Diözese Rom zum Beginn der Fastenzeit am 18. Februar 2010.

22 B. Meuser, *Gottestherapie. Warum der christliche Glaube gesund macht*(Ostfildern 1993).

23 Augustinus, *In Joann*. Tr. 26, c.b.n. 13.

24 Cf. G. Greshake, "Und das ist heute." *Meditationen zu den Kar- und Ostertagen*(Freiburg i. Br. 2007).

25 Hieronymus, *Kommentar zu Matthäus* IV, 25, 6.

26 J. Kardinal Ratzinger, *Eucharistie und Mission*, in: Ders., *Weggemeinschaft des Glaubens. Kirche als Communio*(Augsburg 2002) 79-106, zit. 85[JRGS 11(Freiburg i. Br. ^{4}2014) 397-423, zit. 403].

27 Ephräm der Syrer, *Kreuzigungshymnen* 3, 1.

28 프란치스코, 교황 교서「나는 간절히 바랐다」(*Desiderio desideravi*) 7항.

29 K. Berger, *Gottes einziger Ölbaum. Betrachtungen zum Römerbrief* (Stuttgart 1990) 60.

30 J. Ratzinger, *Freude in Christus*, in: Ders., *Künder des Wortes und Diener Eurer Freude. Theologie und Spiritualität des Weihesakramentes* = JRGS 12(Freiburg i. Br. 2010) 642-649, zit. 643.

31 Origenes, *Homilia in Genesim* 8.

32 Maximus Confessor, *Ambigua* 91, 1056.

33 베네딕토 16세, 회칙「희망으로 구원된 우리」(*Spe salvi*) 26항.

34 성 요한 바오로 2세, 교황 교서「새 천년기」(*Novo millennio ineunte*) 25항.

35 J. Ratzinger / P. Flores d'Arcais, *Gibt es Gott? Wahrheit, Glaube, Atheismus*(Berlib 2006) 21.

36 *Ibid.* 25.

37 Benedikt XVI., Meditation bei der Verehrung des Grabtuches in Turin am 2. Mai 2010.

38 L. O. Lumma, *Feiern im Rhythmus des Jahres. Eine kurze*

Einführung in christliche Zeitrechnung und Feste(Regensburg 2016) 94.

39 「로마 미사 경본」, 전례주년과 전례력에 관한 일반 규범 21항.

40 J. Kardinal Ratzinger, *Suchen, was droben ist. Meditationen das Jahr hindurch*(Freiburg i. Br. 1985) 56[s. JRGS 14/1(Freiburg i. Br. 2019) 648-651, zit. 650].

41 A. Adam, *Das Kirchenjahr - Schlüssel zum Glauben. Betrachtungen*(Freiburg i. Br. 1990) 92.

42 J. Kardinal Ratzinger, *Auferstehung als Grundlegung christlicher Liturgie - Von der Bedeutung des Sonntags für Beten ud Leben des Christen*, in: Ders., *Ein neues Lied für den Herrn. Christusglaube und Liturgie in der Gegenwart*(Freiburg i. Br. 1995) 83-104, zit. 89[JRGS 11(Freiburg i. Br. ^{4}2014) 235-257, zit. 241].

43 F. Kamphaus, *Zwischen Nacht und Tag. Österliche Inspirationen* (Freiburg i. Br. 1998) 72.

44 G. Lohfink, *Braucht Gott die Kirche? Zur Theologie des Volkes Gottes*(Freiburg i. Br. 1998) 261.

45 W. Kasper, *Gottes Zeit für Menschen. Besinnungen zum Kirchenjahr* (Freiburg i. Br. 1978) 76.

46 Zitiert bei L. Scheffczyk, *Auferstehung. Prinzip des christlichen*

Glaubens(Einsiedeln 1976) 46, Anm. 49.

47 W. Pannenberg, *Tod und Auferstehung in der Sicht christlicher Dogmatik*, in: Ders., *Grundfragen Systematischer Theologie.* Band 2(Göttingen 1980) 146-159, zit. 147.

48 H. U. von Balthasar, *Eschatologie*, in: J. Feiner / J. Trütsch / F. Böckle(Hrsg.), *Fragen der Theologie heute*(Einsiedeln 1960) 403-422, zit. 407.

49 J. Ratzinger, *Schwierigkeiten mit dem Apostolicum. Höllenfahrt - Himmelfahrt - Auferstehung des Fleisches,* in: Ders., *Grundsatzreden aus fünf Jahrzehnten*(Regensburg 2005) 43-60, zit. 55[JRGS 10(Freiburg i. Br. 2012) 355-360, zit. 357].

50 Th. Hobbes, *Vom Menschen - Vom Bürger*, hrsg. von M. Frischeisen-Köhler, G. Gawlick(Hamburg 1966) 287.

51 J. Kardinal Ratzinger, *Bilder der Hoffnung. Wanderungen im Kirchenjahr*(Freiburg i. Br. 1997) 67[s. JRGS 14/1(Freiburg i. Br. 2019) 680-687, zit. 682].

52 F. Reckinger, *Gott begegnen in der Zeit. Unser Kirchenjahr* (Paderborn 1986) 50.